경제의 핏줄
화폐

미래생각발전소 09 경제의 핏줄, 화폐

초판 1쇄 발행 2013년 6월 17일
초판 26쇄 발행 2025년 2월 5일

글쓴이 김성호 | **그린이** 성연
펴낸이 김민지 | **펴낸곳** 미래M&B
등록 1993년 1월 8일(제10-772호)
주소 04030 서울시 마포구 동교로 134(서교동 464-41) 미진빌딩 2층
전화 02-562-1800 | **팩스** 02-562-1885
전자우편 mirae@miraemnb.com | **홈페이지** www.miraei.com
블로그 blog.naver.com/miraeibooks | **인스타그램** @mirae_ibooks
ISBN 978-89-8394-748-2 74300 | ISBN 978-89-8394-550-1 (세트)

글 ⓒ김성호, 2013 그림 ⓒ성연, 2013

＊잘못 만들어진 책은 구입처에서 바꾸어 드립니다.
＊이 책은 저작권법에 따라 한국 내에서 보호받는 저작물이므로 무단 전재와 복제를 금합니다.

아이의 미래를 여는 힘, **미래ⓘ아이**는 미래M&B가 만든 유아·아동 도서 브랜드입니다.

지식과 생각의 레벨업
미래 생각 발전소

경제의 핏줄
화폐

김성호 글 | 성연 그림

미래 i 아이

○ **머리말**

믿음과 욕망이라는 두 얼굴, 화폐

동전의 앞면과 뒷면처럼 돈은 믿음과 욕망이라는 두 얼굴을 가지고 있어요. 우리가 사용하는 돈의 가치는 믿음에서 나와요.

인류가 실질적인 돈을 갖게 된 것은 2500년 전 리디아에서 동전을 만들면서부터예요. 이후 동전은 서양에서 약 천 년간 사랑을 받았는데 동전의 재료인 금과 은을 믿었기 때문이지요.

약 400년 전, 두 번째 화폐인 지폐가 등장한 후에도 사람들은 가치가 없는 종이보다는 금을 더 믿었어요. 지폐를 금과 연결시키는 금본위 제도가 만들어진 후에야 안심하고 지폐를 사용했지요.

오늘날 돈은 금과 은이 아닌 국가의 신용으로 만들어져요. 그렇다고 마음대로 돈을 찍어낼 수는 없어요. 무턱대고 국가가 많은 돈을 발행하면 돈의 가치가 떨어져서 국민들이 더 이상 그 돈을 사용하지 않기 때문이지요.

오늘날 우리들은 은행의 신용을 믿고 돈을 맡기고, 은행 역시 사람들의 신용을 기준으로 돈을 빌려 줘요. 국가 간 돈을 거래할 때에도 마찬가지로 신용이 가장 중요하지요. 신용, 즉 믿음이 깨지면 은행은 문을 닫아야 해요. 국가 역시 부도를 맞아 국제 사회에서 따돌림을 받게 되지요.

또한 돈의 역사는 욕망의 역사이기도 했어요.

더 많은 돈을 확보하기 위해 로마 황제들은 동전의 위조도 서슴지 않았고, 유럽의 과학자들은 연금술이라는 무모한 실험도 마다하지 않았지요.

15세기, 스페인 사람들은 신대륙의 금을 빼앗기 위해 원주민을 학살하고, 아프리카 사람들을 강제로 끌고 가서는 노예로 파는 끔찍한 일을 저질렀어요. 그렇게 해서 얻은 이익으로 유럽은 강대국으로 커 갔지요. 반대로 아시아, 아프리카를 비롯한 지구 곳곳은 그들의 식민지가 되어 고통을 겪어야 했고요. 또 자본가들의 돈 욕심에 수많은 노동자들이 비참한 대우를 받아야 했어요. 이 모두가 화폐, 돈 때문이었지요.

인류의 발명품들 중 화폐만큼 사람들의 사랑과 미움을 동시에 받은 것은 없을 거예요. 그 엄청난 욕설과 찬사를 받으면서 돈은 수시로 모습을 바꿔 가면서 경제의 핏줄로 우리 옆에 있어 왔고, 아마 미래에도 그렇게 남아 있을 거예요.

우리의 맨 얼굴이기도 한 돈의 세계, 지금 들어가 볼까요?

2013년 원주에서
김성호

○ 차례

머리말 … 4

Chapter 1
돈을 만들어 내다

돈이란 무엇일까? … 12
돈의 요람과 무덤, 한국은행 … 16
돈은 왜 생겼을까? … 20
오래 보관할 수 있는 돈을 찾아라! … 23
● 생각발전소 - 돈의 재료 … 26
최초의 동전이 만들어지다 … 28
서양은 금화, 동양은 구리 동전 … 31
우리 민족이 동전을 늦게 사용한 이유 … 33

Chapter 2
금을 찾아라!

중요해진 금 … 42
금을 만들자! … 45
신대륙의 비극 … 48
스페인과 영국의 충돌 … 53
동전도 불편해! … 56

Chapter 3
지폐 이야기

세계 최초로 지폐를 사용한 중국인 … 62
금 세공업자가 만든 최초의 지폐 … 64
차라리 우리가 은행을 만들고 만다 … 67
지폐를 금과 바꿔 드려요 … 70
굿 바이! 금 … 73
● 생각발전소 - 브레턴우즈 체제 … 76
돈의 발행과 신용 … 78
미국이 달러를 핑핑 찍어도 버티는 이유 … 80

Chapter 4 자본주의의 탄생

- 자본주의와 공산주의 … 86
- 자본주의의 탄생 … 87
- 부활한 돈 … 90
- 상인과 손을 잡은 국가 … 94
- 더 많은 물건이 필요해! … 96
- 식민지와 자본주의 … 100
- 화가 난 노동자들 … 102
- 마르크스가 예언한 공산주의 … 107
- 사회주의는 왜 실패했을까? … 109
- 자본주의와 사회주의, 서로를 받아들이다 … 111

Chapter 5 돈의 가격, 이자와 환율

- 은행에 예금을 하면 왜 이자를 줄까? … 118
- 지급 준비율이 뭐야? … 120
- 은행 이자율은 어떻게 만들어질까? … 122
- 은행은 왜 파산할까? … 124
- 이자에 얽힌 은행의 역사 … 126
- 일본의 돈으로 만들어진 한국의 은행 … 130
- 환율이 뭐지? … 132
- 환율의 변화와 국가 경제 … 134
- 환율 전쟁 … 138

Chapter 6 미래의 화폐

- 점점 보이지 않는 돈 … 144
- 주목 받는 전자 화폐 … 146
- 지역 화폐 … 148
- 미래의 화폐는 어떤 모습일까? … 150

돈의 가치는
사용하는 사람들 사이의
믿음에서 나온다.

돈이란 무엇일까?

몇 년 전, 이사를 하고 뭘 좀 사려고 동네 슈퍼에 갔어요. 그런데 가게 문에 [외상 사절]이라는 글씨가 큼지막하게 붙어 있었어요. 그걸 보면서 '요즘 누가 외상을 한다고 저런 걸 붙여 놨담.' 하는 생각이 들었지요. 그때, 한 아주머니가 빵을 잔뜩 들고 와서는 "아저씨, 알죠? 달아 놔요." 그러고는 유유히 나가는 거예요. 슈퍼 주인은 아예 신경도 쓰지 않고요. '어? 이게 뭐야?' 약간 혼란스러웠어요.

화폐, 머니, 돈

화폐와 돈은 같은 말이다. 차이가 있다면 돈은 순수 우리말이고, 화폐는 한자어라는 것. 옛날 중국인들은 조개껍데기와 청동으로 만든 칼을 돈으로 사용했는데, 여기에서 화폐라는 말이 만들어졌다. 화폐는 인류 최초의 돈이었다. 한편, 영어로는 돈을 '머니'라고 부른다. 이는 고대 로마에서 유래된 말로, 고대 로마인들은 여신 모네타를 모시는 사원 옆에 동전을 만드는 공장을 지었다. 그 공장 이름이 '민트'였는데, 여기서 돈을 뜻하는 머니라는 단어가 만들어진 것이다. 우리말 '돈'의 유래는, 칼을 화폐로 사용한 '도전'에서 돈이 되었다는 주장과, '돌고 돈다'에서 돈이 되었다는 주장까지 여러 가지 주장들이 있다. 그러나 아직까지 '돈'의 어원이 확실하게 밝혀진 것은 없다.

그리고 며칠 전, 우유를 사러 그 슈퍼에 갔는데 지갑을 깜박했지 뭐예요. 내가 당황해 하자 주인은 "에이, 그럴 수도 있죠. 다음에 오면 주세요." 하고 말했어요. [외상 사절]이라는 메모는 여전히 붙어 있었는데 말이죠.

슈퍼 주인이 외상을 준 이유는 간단해요. 우리 집은 슈퍼에서 보이는 거리에 있고, 난 지난 3년간 하루 평균 5천 원어치의 물건을 그곳에서 샀어요. 다시 말해서, 슈퍼 주인은 내가 떼먹지 않을 것임을 믿었던 것이지요.

　돈이란 무엇일까요? 우리는 돈으로 물건을 사고, 저축을 하고, 누군가에게 수고비로 지불하기도 해요.

　그런데 이런 돈의 가치는 지폐에 적힌 숫자나 지폐 모델에서 나오는 게 아니에요. 돈의 가치는 돈을 사용하는 사람들 사이의 약속과 신용에서 나와요. 우리가 1만 원으로 알고 있는 초록색 지폐 한 장을 만들 때 실제로 들어가는 비용은 70원밖에 되지 않아요. 하지만 우리들은 별 고민 없이 이 지폐를 1만 원으로 알고 사용해요. 또 그렇게 통용이 되고요. 이것은 '국가가 만드는 돈을 국민들은 믿고 사용할 것' 이렇게 우리 사회가 약속했기 때문이에요.

　대신 국가는 돈의 가치를 안전하게 지켜 줘야 할 의무가 있어요. 가짜 돈인 위조지폐가 돌아다니지 못하게 꼼꼼하게 단속해 주고, 너무 많은 돈을 만들어 가치가 떨어지게 하는 일은 하지 않는 것 등이죠. 국가가 이 약속을 못 지키면 국민은 더 이상 돈을 믿고 사용할 수 없어요. 대표적인 예가 1920년대 독일과 2008년 아프리카의 짐바브웨예요. 독일 정부와 짐바브웨 정부는 그 약속을 어기고 대량의 돈을 찍어내 돈의 가치가 크게 떨어졌어요. 독일 사람들은 그 지폐를 벽지로 발랐고, 짐바브웨 국민들은 땔감으로 사용해 밥을 지어 먹었어요.

돈의 요람과 무덤, 한국은행

돈은 어디서 만들어지고 어떤 과정을 거쳐 우리에게 올까요? 이 답을 알려면 한국은행에 대해 알아야 해요.

한국은행은 무척 특이한 은행이에요. 분명히 간판은 은행인데, 예금을 할 수도 없고 돈을 빌려 주지도 않으며 세금도 낼 수 없어요. 심지어 미리 허가를 받지 않으면 안에 들어가 구경도 할 수 없는 곳이지요. 이 독특하고 비밀스러운 곳은 다른 은행들은 결코 할 수 없는 일들을 해요. 그 중의 하나가 돈을 만드는 일이에요.

한국은행은 국가 기관이에요. 그러니까 한국은행에서 돈을 만든다는 것은 곧 국가가 돈을 만든다는 뜻이지요. 외국에도 한국은행처럼 나라의 돈을 만드는 은행이 하나씩 있어요. 그걸 '중앙은행'이라고 해요. 나라에 돈이 부족하다고 판단되면, 한국은행은 꼭 필요한 만큼만 돈을 찍어내요. 부족해도 문제지만 너무 많은 돈을 만들면 돈의 가치가 떨어져 큰 혼란이 생기기 때문에 돈을 만들 때에는 경제 전문가들이 모여서 회의를 해요. 무슨 이야기를 하는지 살짝 엿들어 볼까요?

"요즘 나라에 돈이 부족하다고 합니다."
"빌리려는 사람은 많은데, 은행도 충분한 돈이 없다고 합니다."
"그래서 필요한 돈이 모두 얼마요?"
"1억입니다."

회의가 끝나면 한국은행은 즉시 조폐공사에 연락을 해요. 조폐공사는 한국은행의 지시를 받아 돈을 만들어 내는 또 하나의 국가 기관이에요. 진짜 돈 공장이 있는 곳이지요. 지폐 뒷면을 살펴보면 왼쪽 밑에 '한국조폐공사 제조'라고 깨알 같은 글씨가 보일 거예요.

아무튼 시간이 흐르고 돈을 다 찍어내면 조폐공사는 한국은행에 갖다 줘요. 한국은행은 이 돈을 정부와 은행들에게 빌려 주지요. 은행은 이 돈을 다시 국민들과 기업들에게 빌려 주고요. 이런 과정을 거쳐서 우리 사회에 새로운 돈 10억이 생겨나는 거예요.

그런데 한국은행은 정부와 은행들에게 공짜로 돈을 빌려 줄까요? 그럴 리가 없죠. 세상에 공짜는 없거든요. 우리가 은행에서 돈을 빌릴 때 이자를 내듯 한국은행도 이자를 꼭꼭 챙겨요. 이를 '공정 이율', 혹은 '재할인율'이라고 해요. 이 공정 이율을 기준으로 은행들은 예금과 대출 이자율을 결정해요.

조폐공사에서 만들어진 돈은 한국은행으로 들어가고, 한국은행은 이 돈을 정부와 각 은행에 이자를 받고 빌려 준다. 그리고 우리는 은행에서 돈을 빌려 사용한다. 여러 사람의 손을 거치면서 못쓰게 된 돈은 다시 한국은행으로 들어가 폐기된다.

그런데 돈 역시 물건이라서 시간이 흐르면 많은 사람의 손을 거치면서 낡고 못쓰게 되지요. 지폐는 불에 타거나 찢어지기 쉽고, 물에 젖으면 색이 변하거나 탈색이 돼요. 동전 역시 찌그러지거나 구멍이 생길 수 있고요. 이렇게 상한 돈은 모두 수거해서 다시 한국은행으로 들어가요. 한국은행은 그 돈을 없애 버리고 다시 새 돈을 만들어 내지요. 그러니까 한국은행은 돈이 태어난 요람이자 무덤인 셈이에요.

돈은 왜 생겼을까?

돈이 없어도 전혀 불편하지 않았던 시절이 있었어요. 우르르 몰려다니며 짐승을 사냥해서 먹거나 나무 열매와 식물을 채집해서 먹으며 동굴에서 잠을 자던 원시 시대지요. 인류는 그런 생활을 무려 수만 년이나 해 왔답니다. 당연히 돈 같은 게 필요 없었지요.

하지만 농사를 짓기 시작하면서 상황은 달라졌어요. 그 전까지 인류는 뭔가를 만들어 내는 '생산 활동'을 하지 않았어요. 자연에 널려 있는 짐승과 식물을 거두어 이용하는 것만으로도 충분했으니까요.

처음에는 겨우겨우 먹고 살 만큼만 농사를 지었어요. 그러다가 괭이나 쟁기 같은 농기구가 개발되고 농사 기술이 발전하면서 수확하는 곡식의 양도 늘어났지요. 가족이 먹고도 남을 만큼요. 이렇게 남은 생산물을 '잉여 생산'이라고 해요. 이제 인류는 남는 곡식을 어떻게 처리할까 조금은 행복한 고민에 빠지게 되어요.

고등어가 먹고 싶으니 어부를 만나 쌀을 주고 바꿔야겠다.

6천 년 전, 드디어 사람들은 저마다 남는 물건을 바꾸기 시작했어요. 물물교환이 시작된 거예요.

하지만 물물교환은 쉽지 않았어요. 쌀을 가져온 농부가 어부의 고등어와 맞바꾸려면 어부 역시 쌀을 원해야 하잖아요? 그런데 어부가 원하는 것이 사냥꾼의 곰 가죽이라면 이 거래는 이루어질 수 없겠지요. 또 운 좋게 그런 상대방을 만나도 교환이 늘 순조롭지만은 않았어요.

"어부야, 고등어랑 쌀 한 봉지랑 바꾸자."
"두 봉지는 줘야지."

그래서 인류는 물건의 가격을 매길 수 있는 제3의 물건을 생각해 냈어요. 바로 돈이었지요. 기록에 전해지는 최초의 돈은 중국인들이 사용한 조개껍데기예요.

'애걔, 그 흔한 조개껍데기를 돈으로 사용했단 말이야?'라고 생각하겠죠? 하지만 이 조개는 우리가 흔히 볼 수 있는 그런 조개가 아니라 더운 지방에서만 나는 '자안패'라는 귀한 조개였어요. 이 조개껍데기에 구멍을 뚫어 실을 꿰면 장신구가 되기도 했지요.

조개껍데기가 나지 않는 지역은 다른 물건을 돈으로 사용했어요.

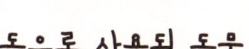

돈으로 사용된 동물

동물은 가장 넓은 지역에서 사용된 돈이었다. 이 전통은 오늘날 세계의 돈 이름에 고스란히 녹아 있다. 영어로 자본을 뜻하는 캐피털은 '캐틀(소)'을 화폐로 사용한 전통에서 만들어진 단어이고, 인도의 동전 '루피' 역시 소를 뜻하는 인도어 '루파'에서 유래된 말이다. 또 미국인들은 '벅'이라는 큰 뿔 달린 수사슴을 돈으로 사용했는데, 오늘날 미국인들은 달러보다 벅이라는 단어를 더 즐겨 사용한다.

금속화폐가 등장하기 전까지 씨앗, 조개껍데기, 곡식, 옷감, 동물 등 물품화폐가 화폐로 통용되었다.

    초콜릿의 원료인 카카오가 많이 나는 남아메리카에서는 카카오 열매를, 소금이 풍부했던 아프리카와 지중해 지역에서는 소금을, 농경 지역에서는 곡식과 옷감을, 가축이 재산이었던 유목민은 동물을 각각 돈으로 사용했어요.* 이렇게 물건을 돈으로 사용하는 것을 '물품화폐', 혹은 '상품화폐'라고 해요.

    그럼, 이제 돈이 등장했으니 물물교환은 사라졌을까요? 아니에요. 비록 물품화폐가 나왔지만 여전히 대부분의 거래는 물물교환으로 이루어졌어요. 물품화폐는 물물교환의 보조 수단에 불과했지요.

오래 보관할 수 있는 돈을 찾아라!

물품화폐는 치명적인 문제점이 있었어요. 곡식은 무거워 몸에 지니고 다니기가 불편한데다 시간이 흐르면 부패하기 일쑤였어요. 동물도 마찬가지였지요. 사람들은 좀 더 작고 가벼우면서 휴대가 간편한 돈을 원했어요. 그래서 선택된 것이 금속이었어요.

5천 년 전부터 인류는 구리와 철을 사용하여 다양한 물건을 만들어 내고 있었어요. 농기구와 칼, 화살촉 같은 것들이 그것이지요. 그러다가 마침내 이 금속으로 돈까지 만들어 냈어요. 고대 중국인들은 구리로 만든 쟁기 모양의 '포전'과 철로 만든 칼 모양의 돈인 '도전'을, 우리의 선조인 고조선 사람들은 철로 만든 '자모전'을 만들었어요.

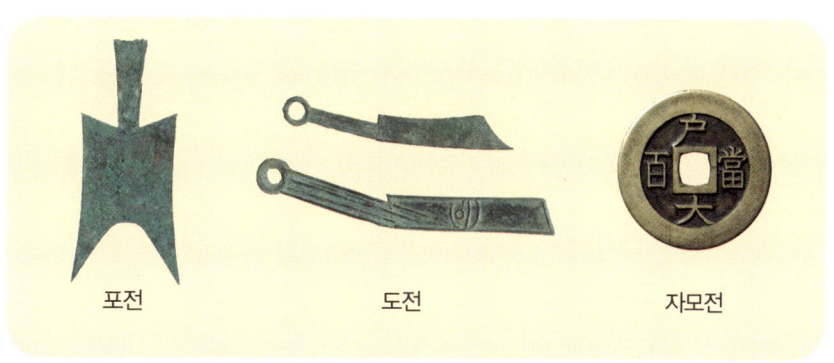

포전   도전   자모전

ⓒ풍산 화동양행

주조화폐

금속을 녹여서 만든 화폐를 주조화폐라고 한다. 동전을 뜻하는 '주화'라는 말도 주조화폐의 줄임말이다.

또 유럽과 아프리카에서도 철로 만든 돈을 각각 사용했고요.* 바야흐로 상품화폐에서 금속화폐의 시대로 넘어간 것이지요.

그러나 철 화폐도 그다지 만족스럽지 못했어요. 습기에 너무 약해서 쉽게 녹이 슬어 버렸거든요. 그래서 찾아낸 것이 금과 은이었어요. 철에 비해 금과 은은 반짝반짝 색깔도 예쁜데다 무엇보다 녹이 슬지 않아서 화폐로 쓰기에 안성맞춤이었어요.

하지만 금과 은이 바닷가 모래만큼 흔했다면 그 정도로 인기를 끌지는 못했을 거예요. 특히 금의 인기는 대단했어요. 은의 유일한 단점은 변색이 되는 것인데, 금은 변색도 되지 않아서 가장 완벽한 돈의 재료였어요. 여기에 은보다 매장량이 적어서 금은 늘 은보다 가치가 높았지요.

처음에는 금과 은을 대충 덩어리로 뭉텅 잘라서 돈으로 사용했어요. 이것이 금괴, 은괴예요. 당연히 크기와 무게가 제각각이었지요. 그래서 거래를 할 때 저울은 필수품이었어요. 일일이 무게를 달아야 했으니까요. 무게가 높을수록 당연히 가치도 높았죠. 이를 '칭량화폐'라고 해요. 이러한 칭량화폐의 흔적은 오늘날에도 남아 있어요. 영국 화폐인 파운드와 한때 화폐의 이름이었던 독일의 마르크, 프랑스의 리브르, 이탈리아의 리라는 금과 은의 무게를 재는 단위였어요.

그래도 사람들은 여전히 만족하지 못했어요.

"일일이 무게를 달려니 너무 번거롭네."
"모든 금, 은 덩어리가 똑같은 무게면 얼마나 좋을까?"

필요는 발명의 어머니라는 말이 있죠? 동전의 탄생도 역시 마찬가지였어요. 불편함을 절대로 참지 못하는 인류의 욕구는 기어이 똑같은 모양과 무게를 가진 금과 은 덩어리를 만들어 내게 했어요. 바로 동전이 만들어진 것이지요.

칭량화폐는 일일이 그 무게를 달아서 교환 가치를 매겼기 때문에 무척이나 번거로웠다.

돈의 재료

　돈은 크게 동전과 지폐로 나눌 수 있어요.
　동전은 주재료가 구리인데, 여기에 아연이나 니켈, 알루미늄 같은 금속을 조금씩 섞어서 만들어요. 이 섞는 금속에 따라서 동전 색깔이 달라지지요.
　옛날 10원 동전은 지금과 달리 누런 색이었어요. 그것은 동전에 섞인 아연 때문이에요. 새로 나온 10원짜리는 구리빛으로 붉어요. 그 이유는 아연을 빼고 구리를 씌운 알루미늄을 사용했기 때문이지요. 반면 100원, 500원 동전이 은백색인 것은 니켈 때문이에요. 지금은 쓰이지 않지만 1원짜리 동전은 구리가 전혀 섞이지 않은 100퍼센트 알루미늄으로 만들어졌어요.
　그럼 지폐는 무엇으로 만들어질까요?
　당연히 종이라고 생각하겠지만, 지폐는 솜(면)으로 만들어요. 방적 공장에서 옷감의 재료로 사용하고 남은 찌꺼기 솜인 낙면이 그 재료이지요. 이 솜으로 만든 지폐는 습기에도 강하고 정교한 인쇄 작업과 위조를 방지할 수 있다는 장점이 있어요. 그래서 오늘날 대부분의 국가들은 솜으로 지폐를 만들어요.

그렇지만 특이하게 플라스틱으로 지폐를 만드는 나라도 있어요. 호주와 뉴질랜드는 플라스틱의 일종인 폴리머라는 재료로 지폐를 만들어요.

우리나라의 화폐 제조 기술은 세계적인 수준인데 동전의 경우 현재, 유럽과 미국을 포함한 40여 개 국가, 25억의 인류가 우리나라에서 만든 소전을 수입해 자기들의 동전을 만들고 있어요. 소전이란, 무늬를 새겨 넣기 전의 동전 판을 말해요.

최초의 동전이 만들어지다

2500년 전, 지금의 터키 지방인 리디아 제국에는 사금이 풍부했어요. 사금이란 강바닥에 가라앉은 가루 형태의 금이에요. 리디아 인들은 이 사금을 채에 걸러서 모은 후 은과 함께 녹여 세계 최초의 동전을 만들어 냈어요.* 금 70퍼센트에 은 30퍼센트를 섞어 만든 동전인데, 사람들은 이 동전을 '일렉트럼', 혹은 '호박 금'이라고 불렀어요.

세계 최초의 동전

원시적인 쇠붙이 조각에서 발전해 지금의 동전과 비슷한 형태의 동전이 등장한 것은 화폐 혁명이라 불릴 정도로 큰 사건이었다. 동전이 생기면서 사람들은 물건의 가치를 측정하고 거래하는 일을 보다 쉽고 간편하게 할 수 있게 되었다.

그런데 당시 수많은 나라 중에 왜 하필 리디아였을까요? 그것은 우연이 아니었어요. 당시 리디아는 왼쪽으로는 그리스, 오른쪽으로는 페르시아와 무역을 하던 나라였어요. 그러다 보니 농업보다는 상업이 발달한 나라였지요. 이런 나라일수록 물건을 사고팔기에 편리한 돈을 원하게 마련이고요.

리디아의 동전은 타원형의 모양에 강낭콩 크기였어요. 뒷면에는 제국을 상징하는 사자와 황소를 그려 넣고, 앞면에는 금과 은의 순도를 표시했어요. 순도 표시는 오늘날 동전에 표시된 100원, 500원 등의 가격과 비슷해요. 동전 가치는 금의 함유량에 따라 제각기 달랐어요. 당연히 금이 많이 들어간 동전일수록 높은 가치를 지녔지요.

당시 금은 같은 무게의 은보다 약 13배 비쌌어요. 옛날 사람들은 금은 1년을 의미하는 태양, 은은 1개월을 의미하는 달이라고 믿었어요. 그러나 시간이 지날수록 금과 은의 격차는 벌어져 2000년대까지는 무려 70배까지 벌어졌어요. 지금은 약 30배랍니다.

리디아의 동전은 폭발적인 인기를 얻었어요. 장사와 무역에서는 말할 것도 없고 급료를 줄 때에도 사용되었지요. 당시 동전 3닢은 리디아 군인의 한 달 월급이었어요.

동전의 발명으로 무역이 더욱 발달한 리디아는 지중해에서 손꼽히는 부자 나라가 되었어요. 그런데 욕심이 너무 과했는지 기고만장해진 리디아는 페르시아를 괜히 공격했다가 546년에 오히려 멸망 당하고 말아요. 그러나 동전은 유럽으로 흘러 들어가 훗날 그리스, 로마인들이 동전을 만들어 사용하는데 영향을 주었어요.

동전의 등장은 화폐 혁명이라 불릴만큼 화폐 역사에서 대단히 중요한 사건이랍니다. 조개껍데기, 카카오 열매, 소금, 짐승 등 지역마다 서로 다른 물건들을 화폐로 사용하던 인류가 드디어 하나의 돈을 가지게 되었으니까요.

서양은 금화, 동양은 구리 동전

대표적인 서양 고전 소설인 『보물섬』, 『로빈슨 크루소』, 『알리바바와 40인의 도적』 등을 읽어 보면 반짝이는 금화 이야기가 많이 나와요. 리디아의 동전 이후, 서양은 오랫동안 금과 은으로 동전을 만들었거든요.

한국이나 중국의 고전 소설에는 금화나 은화가 거의 나오지 않아요. 주로 등장하는 동전이 구리로 만든 엽전이지요. 여기에는 이유가 있어요. 아시아는 유럽보다 금의 생산이 적은 반면 상대적으로 구리가 풍부했기 때문이에요.

동양의 동전은 서양보다 약 500년 늦게 만들어졌어요. 최초의 동전은 중국을 통일한 진시황이 만든 '원형방공전'이었어요. 겉은 둥글고(원형) 가운데 네모난 구멍(방공)이 난 돈(전)이란 뜻이에요. 여기에는 독특한 동양 철학이 담겨져 있어요.

"하늘은 둥글고 땅은 네모나다. 동전의 모습도 이렇게 만들자!"

그 밖에도 둥근 모양으로 만들어진 물건은 충격을 받으면 빠르게 분산하는 특징이 있어요. 비행기의 창문이 둥근 것도 그런 이유지요. 즉, 동전이 둥근 것은 충격으로부터 보호해 동전의 수명을 오래 유지하기 위해서였어요. 또 동전에 뾰족한 각이 있으면 만지작거리다가 다칠 수도 있고요. 비록 재료는 달라도 동양과 서양의 동전이 모두 둥근 이유예요.*

중국의 원형공방전은 훗날 우리나라와 일본에서 만들어지는 동전(엽전)의 모델이 되어요. 한국의 건원중보, 동국통보, 상평통보, 일본의 관영통보, 보영통보도 모두 이런 모습을 하고 있지요. 네모난 구멍은 끈을 연결해서 한꺼번에 많이 휴대하기 위해서였어요.

> **동양 3국의 화폐 명칭**
>
> 오늘날 중국, 한국, 일본의 화폐 이름은 각각 '위안', '원', '엔'이다. 비록 발음도 표기도 다르지만, 모두 '둥글다'라는 한자어 '원'이라는 단어이다.

건원중보
고려 때 만들어진 우리나라 최초의 엽전

동국통보
고려 때 만들어진 엽전의 하나

상평통보
조선 시대에 쓰던 엽전의 이름. 1633년부터 만들어져 조선 후기까지 사용되었다.

ⓒ풍산 화동양행

우리 민족이 동전을 늦게 사용한 이유

텔레비전 사극을 보면 백성들이 주막에서 국밥을 먹거나 점포에서 항아리 등을 살 때 엽전을 내는 장면이 나와요. 가운데 구멍이 뻥 뚫린 구리 동전 말이죠. 그런데 정말로 그랬을까요?

만일 그 사극의 시대적 배경이 17세기 전이라면 잘못된 내용이에요. 실제 백성들은 보리, 콩을 담은 자루나 삼베로 짠 옷감 등을 엽전 대신 건네주었을 테니까요. 물론 그 당시에도, 그 전에도 분명히 엽전은 존재했어요.

우리나라 최초의 엽전은 고려 성종(996년)때 만들어진 '건원중보'예요. 이후 고려를 거쳐 조선에 이르기까지 이런저런 동전과 지폐를 만들어 보급했지요. 하지만 백성들은 물론 관리들까지 시큰둥했어요.

혹시 녹봉이라는 말을 들어 보았나요? 사극을 보면 벼슬아치들이 '나라의 녹을 먹는 관리로서' 어쩌고 하는 게 나오잖아요? 녹봉은 조선의 관리들이 3개월마다 받았던 봉급이에요. 이때 주로 지급된 것이 곡식과 옷감이었지요. 만일 녹봉을 화폐로 지급하면 관리들은 불만으로 입이 튀어 나왔다고 해요. 백성들도 정부에 세금을 낼 때 돈이 아닌 쌀이나 면포로 대신했고요.

우리 역사상 가장 위대한 임금이었던 세종대왕도 화폐만은 어쩌지 못했어요. 1423년에 세종은 조선통보라는 엽전을 만들어 백성들이 사용하도록 했어요. 하지만 반응은 차가웠어요. 화가 난 세종은 별별 방법을 다 시도했어요. 붙잡아서 곤장도 치고, 재산도 뺏고, 벌금도 매겼지요. 그런데도 조선통보는 널리 유통되지 못했어요.

우리 조상들이 화폐를 싫어했냐고요? 아니에요. 그들은 이미 최고의 화폐를 사용하고 있었어요. 바로 곡식과 옷감이었죠. 조선은 농업을 중시하는 권농 국가였어요. 반면 공인과 상인은 사농공상이라 하여 선비와 농부 다음으로 천한 직업이었지요. 상인을 돈만 밝히는 장사치라며 낮춰서 불렀을 정도니까요.

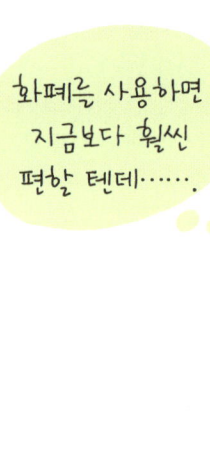

화폐를 사용하면 지금보다 훨씬 편할 텐데……

상공업이 부진한 농업 사회에서 최고의 화폐는 곡식이고, 그 다음은 옷감이에요. 시장과 상점이 부족해 모든 것을 스스로 해결하는 사회에서는 먹는 것과 입는 것을 높게 쳐주거든요. 그러니 동전이 있으면 뭐하겠어요? 살 물건도 없고 살 만한 곳도 없는데요.

국내 상업이 시원치 않으면 해외 무역이라도 활발해야

하는데 조선은 그것마저도 여의치 않았어요. 조선이 거래할 수 있는 외국이라고 해야 중국과 일본 달랑 둘인데, 국가는 무역을 엄하게 단속했어요. 국가의 허가를 받지 않은 무역(밀무역)을 하다가 적발되면 무거운 벌을 받았어요. 그러니 해외 무역이 발달할 수 없었지요. 생각해 보면 쌀과 옷감이라는 괜찮은 돈이 있는데 생소한 엽전을 쓰라고 으르렁댔으니 백성들이 반발하는 것도 무리가 아니었어요.

그런데 두 번의 큰 전쟁(임진왜란과 병자호란)*을 겪은 후 상황이

임진왜란과 병자호란

임진왜란은 조선 선조 때인 1592년부터 1598년까지 2차에 걸쳐서 일본이 조선을 침입하여 일어난 전쟁이다. 해상에서 이순신 장군이 활약을 펼쳤으나 육상에서 계속 패배함으로써 선조는 의주까지 피난을 가야 했다.

병자호란은 조선 인조 14년(1636)에 청나라가 침입한 난리로, 인조는 삼전도에서 항복하고 청나라에 대하여 신하의 예를 행하기로 하는 등 굴욕적인 화친 계약을 맺어야 했다.

달라졌어요. 전쟁으로 전국의 논밭이 황폐해지자 농업 중심의 조선 경제는 심각한 타격을 입었어요. 농촌의 수확량이 크게 줄자 쌀을 세금으로 받는 정부도 덩달아 가난해졌지요.

조선 정부는 농업만으로 국가 경제를 회복하는데 한계를 느끼고 상

조선은 임진왜란과 병자호란을 겪은 후 상공업이 기지개를 켜면서 상평통보도 널리 유통되기 시작했다.

업과 수공업을 발전시키는 새로운 경제 정책들을 실시했어요. 동시에 중국, 일본과의 무역도 장려했지요. 새로운 동전인 상평통보(17세기)가 만들어진 것도 이때였어요. 바로 사극에서 흔하게 등장하는 그 엽전이죠. 그러나 동전이 익숙하지 않은 백성들은 여전히 머뭇거렸어요. 조선 정부는 열심히 홍보를 했어요.

"엽전으로 쌀과 옷감을 바꿔 드려요. 세금도 엽전으로만 받습니다."
"병든 친척이 관아에 잡혀 있습니까? 엽전을 갖고 오면 풀어 드립니다."

상공업이 기지개를 켜던 시절이라 백성들의 반응은 확실히 예전과 달랐어요. 상평통보는 금액 순으로 '냥', '전', '푼' 이렇게 세 종류예요. 각각 열 배씩 차이가 나지요. 1냥은 지금 돈으로 약 7만 원이에요. 1전은 7천 원이고, 1푼은 700원쯤이죠. 거지들이 '한 푼 줍쇼.' 할 때의 한 푼이 바로 이것이에요.

그렇다고 상품화폐가 완전히 사라진 것은 아니에요. 도시가 아닌 농촌에서는 해방 후에도 여전히 쌀이 중요한 돈이었어요. 20년 전에 돌아가신 저희 할머니는 시장에 가실 때 꼭 '쌀 팔러 간다.'고 말하시곤 했어요. 아무리 봐도 쌀을 갖고 있지 않아서 여쭈었더니 '장 보러 가는 거야.'라고 대답하셨어요. 시장에서 쌀을 팔아 돈을 구하고 그 돈으로 다른 물건을 샀던 예전의 기억 때문에 이렇게 말씀하신 거였어요.

신대륙에서 발견한 금과 은을
발판으로 유럽 나라들은
강대국으로 성장하게 된다.

중요해진 금

서기 1세기, 로마 황제들은 동전의 재료인 금과 은의 부족으로 걱정이 많았어요. 로마 제국은 서유럽 전체보다 넓은 영토를 거느린 대제국이었지만, 필요한 물건과 생산은 거의 식민지에서 가져와 해결했어요. 로마 시민들이 먹는 곡식의 절반은 이집트에서, 로마의 농장에서 일하는 노예들은 전쟁에서 잡아온 포로들이고, 동전의 재료인 금과 은은 스페인의 광산에서 생산된 것이었지요.

그런데 스페인 광산이 점점 바닥을 드러냈어요. 황제는 화폐 위조라는 꼼수를 생각해 냈어요.

"동전 만들 때 금, 은을 줄이고 다른 금속을 좀 섞어라."
"가짜 돈을 만들자는 말씀이십니까?"
"괜찮아, 티 안 나게 조금만 줄이면 아무도 모를 거야."

처음에는 11퍼센트의 금과 은을 빼돌렸어요. 하지만 시간이 지날수록 빼돌리는 금과 은의 양은 늘어났지요. 폭군으로 유명한 네로가 로마

제국 5대 황제가 되었을 때는 50퍼센트, 다시 200년 후에는 금과 은이 하나도 섞이지 않은, 무늬만 금화, 은화인 동전이 만들어졌어요.

로마 시민들도 이 사실을 알았어요. 그러자 흥미로운 일이 일어났어요. 예전에 발행된 진짜 금화와 은화는 사라지고 가짜 동전만 돌아다니게 된 것이지요. 가짜 돈이 돌아다니자 사람들은 진짜 금화와 은화는 집에 감춰두고 사용하지 않았어요. 동전을 녹이면 금과 은을 만들어 비싸게 팔 수 있는데 왜 사용하겠어요? 결국 사람들이 돈을 믿지 않게 된 것이지요.

돈의 가치는 약속과 믿음이라는 말을 기억하나요? 돈의 가치를 지켜줘야 할 국가가 믿음을 주지 못하면 국민들은 그 돈과 그 돈을 만든 국가를 믿지 않아요. 로마 시민들은 화가 났어요.

"황제가 우릴 속였어. 돈으로는 살 수 있는 게 없어. 가게 주인들이 돈을 안 받는단 말이야."

돈이 무시당하자 물가는 폭등했어요. 빵의 재료인 밀가루 값이 100년 동안 무려 200배나 올랐으니까요. 견디다 못한 농민들은 폭동을 일으켰어요.

그러나 로마 황제가 선택한 방법은 제대로 된 동전을 만들고 분노한 시민을 달래는 것이 아니라 힘으로 찍어 누르는 것이었어요. 오히려 세금을 더 올리고 자신을 신으로 숭배할 것을 명령했지요. 반항하는 사람들은 체포하거나 목숨까지 빼앗았고요. 그러니 어떻게 되었겠어요? 돈이 부족해지면서 사회 혼란이 야기되었고, 게르만족의 침략까지 겹치면서 서로마 제국은 결국 476년에 망하고 말았답니다.

금을 만들자!

500년 전까지 유럽에서 1년에 발견된 금은 약 4톤이었어요. 그 금을 얻기 위해서 약 7만 톤의 흙을 걷어내야 했지요. 지친 유럽 사람들은 점차 이런 생각을 하게 되어요.

"확, 그냥 금을 만들어 버릴까?"

이것이 연금술*이에요. 원래 연금술은 고대 중국인들이 영원히 늙지 않는 불로장생약을 만들려고 했던 연단술에서 시작되었어요.

중국 최초의 황제이자 중국 최초의 동전을 만든 진시황은 죽지 않고 영원히 살고 싶어 했어요. 황제는 연단술사들이 만든 약을 열심히 복용했지요. 하지만 50세에 죽

연금술

고대 이집트에서 시작되어 아라비아를 거쳐 중세 유럽에 전해진 원시적인 화학 기술을 일컫는다. 구리, 납, 주석 등의 비금속으로 금과 은 같은 귀금속을 만들고, 나아가 늙지 않는 영약을 만들려고 했다. 근대 화학이 성립하기 전까지 천 년 이상 계속되었다.

었어요. 많은 학자들은 진시황의 사망 원인을 약에 들어간 수은 때문이라고 보고 있어요. 실제로 진시황의 무덤 속에는 수은이 흐르는 강이 있었다고 해요.

이후 중국의 연단술은 실크로드를 타고 중동으로 전해지면서 연금술로 발전했다가 12세기, 십자군 전쟁을 통해 유럽으로 전해졌어요. 유럽 왕들은 연금술사들을 고용해 금을 만들게 했지요.

이상한 약을 만드는 마법사와 마녀들이 나오는 만화나 영화를 본 적

이제 이 약을 넣으면 금이 만들어질 거야.

이 있을 거예요. 이들의 유래가 바로 연금술사예요. 연금술사는 별별 재료를 동원해 기상천외한 실험을 했어요. 끓였다가 녹였다가 다시 굳혀 보기도 하는 등 자신이 알고 있는 온갖 지식을 동원하여 실험을 거듭했지요. 하지만 금은 만들어지지 않았어요.

보일(1627~1691)

영국의 화학자이자 물리학자로, '보일의 법칙'을 발견하고, 원소의 정의를 명확히 밝혔으며, 화학을 실용 화학에서 학문으로 발전시켰다.

　결국 17세기 영국인 과학자 보일*이 연금술이 불가능하다는 것을 증명하면서 연금술은 사라졌어요.

신대륙의 비극

연금술이 한참 활발하던 시절에도 유럽 사람들은 금과 은을 찾아 뛰어다녔어요. 돈은 계속 만들어야 하는데 실험 결과만을 기다리고 있을 수는 없으니까요. 그 갈증을 풀어 준 것이 신대륙의 발견이었어요.

> **콜럼버스 (1451~1506)**
> 이탈리아의 탐험가로, 지구가 둥글다는 것을 믿고 대서양을 서쪽으로 항해하여 쿠바, 자메이카, 도미니카 및 남아메리카와 중앙아메리카에 상륙하였다.

1492년, 콜럼버스*는 71일의 항해 끝에 지금의 쿠바에서 가까운 섬에 도착했어요. 이를 세계사에서는 신대륙을 발견했다고 기록하지요. 하지만 이곳에서 살고 있던 원주민들 입장에서는 저승사자의 출현과 다름없었어요. 이들이 나타나면서 평화롭던 이곳에 비극이 시작되었으니까요. 상륙 직후, 콜럼버스가 가장 유심히 관찰한 것도 원주민의 몸에 달린 반짝이는 장신구였어요. 바로 금이었죠. 콜럼버스는 즉시 스페인의 여왕에게 편지를 썼어요.

"여왕 폐하, 이곳은 사방이 금입니다. 우리는 여기서 마음대로 그것을 가져갈 수 있습니다!"

콜럼버스는 금을 찾기 위해 오늘날의 아이티 섬으로 들어갔어요. 섬 주민을 협박한 후 금을 갖고 오라고 명령했지요. 그러고는 실적이 부진한 원주민들을 잔인하게 학살했어요. 그 결과 600년 전, 약 25만 명이 살았던 이 섬에 당시 원주민의 후손은 오늘날 단 한 명도 남아 있지 않아요. 운 좋게 죽음을 면한 원주민들은 콜럼버스의 배에 태워져 유럽에 노예로 팔려 갔기 때문이에요.

너무 잔인하다고요? 당시 유럽은 기독교를 믿는 사회였어요. 그들은 피부가 검고 기독교가 아닌 다른 종교를 믿는 사람은 아예 인간으로 취급하지 않았어요. 이미 아프리카 흑인을 잡아와 노예로 부리고 있었고요.

1519년에 스페인 사람 코르테스가 아즈텍 문명의 멕시코를 점령했어요. 13년 후인 1532년에는 또 다른 스페인 사람 피사로가 잉카 문명의 페루를 점령하고 황제까지 체포했지요. 피사로는 의기양양했어요. 황제를 풀어 달라고 비는 원주민들에게 한 가지 조건을 제시했어요.

"너희 황제가 갇힌 방을 황금으로 가득 채우면 풀어 주지."

원주민들은 허겁지겁 금을 구해 방을 가득 채웠어요. 그러나 피사로는 약속을 지키지 않았어요. 1534년, 피사로는 잉카 제국의 마지막 황제

유럽 인들은 신대륙의 원주민들을 가혹하게 노예로 부리며 금과 은을 캐게 했다. 이를 바탕으로 유럽은 강대국으로 성장했고, 원주민들은 온갖 착취와 노동에 시달리다 죽어 갔다.

의 목을 졸라 살해했어요.

그러고는 원주민을 끌고 가 남미의 광산에서 금과 은을 캐게 했지요. 그곳에서 원주민들은 하루 평균 12시간의 노동을 해야 했고, 평균 8명 가운데 1명은 광산에서 살아 나오지 못했어요. 1500년부터 1800년 사이 남미에서 유럽으로 흘러 들어간 금과 은은 각각 약 2800톤과 16만 톤인데, 세계 금, 은 생산량의 70퍼센트와 85퍼센트나 되는 어마어마한 양이었어요.

신대륙의 금은 단숨에 스페인을 강국으로 만들었어요. 그 뒤에는 원주민의 엄청난 희생이 있었지만, 신경을 쓰는 유럽 인은 거의 없었지요. 그들이 정말로 가슴 아파했던 것은 실컷 부릴 수 있는 원주민의 숫자가 자꾸 줄어드는 것이었어요. 실제로 콜럼버스가 신대륙에 상륙한 후 약 200년 동안 원주민의 95퍼센트가 사망했다고 해요. 우리나라로 치면 대구 시민을 제외한 모든 한국인이 사망한 셈이에요. 대규모로 이루어진 학살과 중노동 등이 원인이었지만 더 큰 이유는 따로 있었어요.

스페인 사람들의 몸에는 총보다 더 무서운 무기가 있었어요. 바로 세균이었지요. 오랜 세월, 유럽은 천연두를 비롯한 각종 세균으로 몸살을 앓고 있었어요. 그래서 많은 사람들이 죽었지만, 그 과정에서 자연스럽게 면역력이 생기고 치료약과 예방 접종도 개발되었지요. 당시 신대륙으로 건너온 스페인 사람들의 몸에는 이런 세균들이 우글우글했어요. 수천 년간 단 한 번도 이런 세균을 경험하지 못했던 원주민들은 스페인 사람들과 접촉하기 무섭게 감염이 되었고, 눈 깜짝할 사이에 사망했어요.

"큰일이야. 일할 사람이 없어. 이거 어떻게 하지?"

신대륙에는 금 외에도 큰돈을 벌 수 있는 또 다른 대박 사업이 있었어요. 바로 설탕이었지요.

그런데 설탕을 만들기 위해서는 넓은 사탕수수 농장을 만들고, 다 자란 사탕수수를 잘라내고, 즙을 여러 차례 끓인 후 불순물을 제거하는 등 엄청난 노동력이 필요했어요. 이왕이면 실컷 부려먹되 돈을 줄 필요가 없는 사람들 말이에요. 그것이 아프리카 노예였어요.

15세기부터 19세기까지 약 1000만 명의 아프리카 노예가 신대륙으로 끌려왔어요. 일부는 남미의 사탕수수 농장으로, 또 일부는 미국 남부의 목화 농장으로 끌려가 비참한 환경에서 인간 이하의 대접을 받으며 죽을 때까지 일을 해야 했지요. 그들이 오늘날 미국 흑인의 조상들이에요. 이렇듯 금과 은에서 대농장까지, 유럽 인들이 벌어들인 엄청난 돈에는 수많은 남미 원주민과 아프리카 흑인 노예들의 희생이 있었어요.

스페인과 영국의 충돌

잘나가는 스페인을 곱지 않은 시선으로 흘겨보는 나라가 있었어요. 영국이었지요. 원래 스페인은 기독교 문명권인 유럽에서 멸시 받던 변방의 국가였어요. 무려 800년간 이슬람 세계의 지배를 받았던 나라였거든요. 그 별 볼일 없던 스페인이 신대륙 덕분에 부자가 되었으니 영국은 속이 거북했어요.

"눈꼴시어서 못 봐주겠네. 쳇, 다 뺏어 버릴 테다!"

영국은 신대륙에서 금과 은을 싣고 오는 스페인 배를 집중적으로 노렸어요. 바로 해적질이죠. 보통 해적이라면, 국가가 엄하게 단속하는 범죄 집단이에요. 잡히면 교수형까지 받아야 했지요. 하지만 그들은 영국 정부가 정식으로 약탈을 허락한 해적들이었어요. 대신 조건이 있었죠. 뺏은 금과 은을 정부와 나눠 가질 것! 그러니까 영국 정부는 해적 사업에 투자를 한 셈이에요. 스페인도 골탕 먹이고, 금도 챙기고 꿩 먹고 알도 먹는 사업이었지요. 스페인으로서는 분통 터지고 억울한 일이었지만, 사실 영국에 뺏긴 금도 알고 보면 스페인이 남미 원주민으로부터 뺏은 거죠. 산적이 해적을 만난 경우라고나 할까요?

당시 최고의 영국 해적은 드레이크라는 인물이었어요. 그는 '황금 암사슴'이라는, 해적선과는 전혀 어울리지 않는 예쁜 이름의 배를 타고 닥치는 대로 스페인 배를 공격했어요. 그러고는 엄청난 양의 금을 빼앗아 영국 왕실에 바쳤지요. 영국 왕실의 눈에 그가 얼마나 예뻐 보였겠어요?

영국 해적은 국가의 보호 아래 스페인 배를 공격하여 막대한 양의 금을 빼앗아 왕실에 바쳤다.

영국 여왕 엘리자베스 1세는 그에게 국민훈장 격인 '기사' 작위까지 하사했어요.

물론 스페인도 참고 있지만은 않았지요. 당시 스페인은 유명한 무적함대라는 막강한 해군을 보유하고 있었거든요. 1588년 8월 7일, 스페인의 무적함대와 영국 함대는 프랑스 칼레 앞바다에서 만났어요. 이것이 세계 4대 해전의 하나인 '칼레 해전'이에요. 승자는 영국 해군이었지요. 이때, 영국 함대를 이끈 해군 제독이 드레이크였어요.

칼레 해전은 세계 역사를 바꾼 전쟁이에요. 새로운 바다의 주인이 된 영국은 과거 스페인보다 더 많은 국가를 식민지로 만들고, 그 식민지 주민을 쥐어 짜내서 자신들의 주머니를 돈으로 가득 채웠어요. '해가 지지 않는 나라, 영국'이라는 말은 이때부터 나오게 되었지요.

동전도 불편해!

신대륙에서 들어온 금과 은으로 유럽의 동전은 크게 늘어났어요. 동전이 흔해지자 동전이 귀했을 때는 몰랐던 불편함이 나타났어요. 바로 무게였지요. 특히 많은 물건을 거래하는 상인들은 항상 수중에 큰돈이 필요했는데, 그때마다 동전을 잔뜩 넣은 궤짝을 들고 다녀야 했어요. 끙끙거리며 궤짝을 들고 다니는 상인들의 모습은 유럽 도적의 표적이 되었지요.

일반인들에게도 동전은 위험한 돈이었어요. 당시 유럽 인들은 가죽 주머니에 금화와 은화를 넣고 다녔는데, 걸을 때마다 짤랑짤랑 소리가 났어요. 유럽의 도적들이 가장 좋아하는 소리였지요.

또 표시 금액이 높지 않은 것도 불만이었어요. 달걀이나 그릇 등 소소한 물건을 파는 상인들은 괜찮았지만, 마차나 비단, 향신료 등 고가의 물건을 수시로 거래하는 상인들은 동전이 너무나 거추장스러웠어요.

더 가벼우면서도 높은 금액을 표시하는 돈이 있으면 좋겠어!

이미 사람들은 새로운 돈을 원하고 있었어요. 그 요구에 맞춰서 17세기에 등장한 것이 바로 종이돈, 지폐예요. 2천 년간 동전만 사용하던 유럽 인들이 드디어 두 번째 화폐를 갖게 된 거예요.

    하지만 최초로 지폐를 사용한 것은 유럽 인들이 아니에요. 유럽보다 무려 700년이나 먼저 지폐를 사용한 이들이 있었어요. 그들은 바로 중국인이었어요.

Chapter 3
지폐 이야기

가볍고 편리한 돈을 만들기 위한 노력은 **지폐를** 탄생시켰다.

세계 최초로 지폐를 사용한 중국인

 13세기, 이탈리아인 마르코 폴로는 중국에 머물고 있었어요. 당시 중국은 몽고족이 다스리던 원나라 시대였어요.

어느 날, 시장에 나간 마르코 폴로는 중국인들이 종이를 돈처럼 사용하는 것을 보고 깜짝 놀랐어요.

"어떻게 이런 일이? 종이를 어떻게 돈으로 쓰지?"

동방견문록

이탈리아의 여행가 마르코 폴로가 동방을 여행한 체험담을 기록한 책이다. 1271년에서 1295년까지 동방의 여러 나라를 거치고 중국에 17년 동안 머무르면서 보고 들은 것이 기록되어 있다. 동양에 대한 유럽 사람들의 관심을 불러일으켰으며, 콜럼버스의 신항로 개척에도 많은 영향을 주었다.

돈이란 금화나 은화가 전부라고 알고 있었던 마르코 폴로의 눈에 이런 모습은 놀랍고 신기한 일이 아닐 수 없었어요.

유럽으로 돌아온 마르코 폴로는 중국에서 겪은 일들을 책으로 썼어요. 이것이 유명한『동방견문록』이에요.『동방견문록』을 읽어

본 유럽 사람들도 고개를 갸우뚱했어요. 종이를 돈으로 사용한다는 것은 정말로 믿기 힘든 일이었거든요.

중국인들은 마르코 폴로가 중국에 도착하기 700년 전부터 이미 지폐를 사용하고 있었어요. '교자'라는 세계 최초의 지폐였지요. 뿐만 아니라 제사 때 가짜 종이돈인 지전을 불에 태우는 관습도 있었어요. 그도 그럴 것이 중국은 세계 최초로 종이를 발명한 종이 왕국이었거든요.

그러나 단지 종이가 흔했기 때문에 중국인들이 지폐를 사용한 것은 아니에요. 진짜 이유는 중국의 황제가 법으로 지폐를 사용하도록 했기 때문이에요. 중국은 황제가 권력의 중심에 있는 중앙 집권 제도를 유지해 온 나라예요. 유럽은 그 반대였지요. 유럽은 국왕보다 지방 영주들의 힘이 더 센 봉건제였어요. 그러니까 유럽 사람들은 힘이 약한 국왕이나 국가보다는 금과 은을 더 믿었던 거예요.

『동방견문록』이 출판되고 약 700년 후 유럽에서도 최초의 지폐가 등장하게 되어요. 그 지폐를 만든 사람들은 영국에 살던 금 세공업자들이었어요.

금 세공업자가 만든 최초의 지폐

16세기 말, 영국에는 금덩어리를 이용해 귀금속을 만드는 금 세공업자들이 살고 있었어요. 영어로 '골드스미스'라고 불리는 이들은, 금을 많이 다루기 때문에 튼튼한 금고를 만들고 그 속에 안전하게 금을 보관했어요. 그 소문을 듣고 마을 사람들이 몰려 왔어요.

"듣자하니, 당신네 금고가 그렇게 크고 좋다면서요?"
"소문 참 빠르군요. 그런데 그게 왜요?"
"우리 금도 좀 맡깁시다. 대신 보관료는 드리지요."

금 세공업자는 보관료를 받고 마을 사람들의 금도 같이 보관하기 시작했어요. 금을 맡기려는 사람들이 늘어나자 금고는 금들로 넘쳐났지요. 그래서 금 세공업자는 그들에게 각각 보관증을 써 주었어요. 나중에 찾으러 올 때 헷갈리면 안 되니까요.

금 세공업자들은 금을 보관해 주고 보관증을 써 주었다. 그런데 점차 이 금 보관증이 화폐처럼 쓰이기 시작했다.

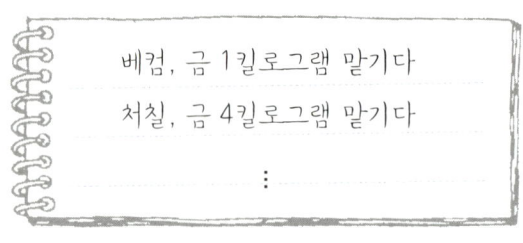

이 보관증을 '골드스미스 노트'라고 불렀어요.

그런데 묘한 일이 일어나기 시작했어요. 금 보관증이 시장에서 돈처럼 사용되기 시작한 거예요. 물론 보관증에는 금 주인의 이름이 적혀 있었지만, 시간이 흐르면서 이름은 더 이상 중요하지 않았어요. 중요한 사실은 지금 누가 갖고 있느냐였어요. 누구든지 보관증을 들고 있는 사람이 금 세공업자를 찾아가면 금과 교환할 수 있었지요. 오늘날의 은행 수표와 같아요. 또 종이로 쓴 보관증은 가볍고 큰 금액도 표시할 수 있어서 동전보다 편리했어요.

보관료로 큰돈을 벌게 되자 금 세공업자는 원래 직업인 세공업도 그만두었어요. 사무실에 앉아 있으면 돈을 벌 수 있는데 뭣 하러 힘들게 뚝딱거리며 동전과 귀금속을 만들겠어요? 이렇게 해서 금 보관증은 유럽 최초의 지폐가 되었고, 금 세공업자의 사업은 현대 은행업의 시작이 되었어요.

금 세공업자가 은행가가 되자 그들이 발행한 금 보관증도 은행권으로 불렸어요. 누가 발행했느냐에 따라서 이름도 다 달랐지요. 요즘으로 비유하자면, 신한은행권, 국민은행권, 하나은행권처럼요. 또 은행권은 높은 금액을 표시할 수 있어서 돈 많은 귀족들과 부자들이 즐겨 사용했어요. 반면 일반 서민늘은 주로 동전을 사용했지요. 2천 년간 잘나갔던 동전이 이제 '잔돈'이 되어 버린 거예요.

차라리 우리가 은행을 만들고 만다

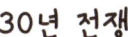 그러던 어느 날이었어요. 영국 정부가 은행가들을 만나러 왔어요. 돈을 빌리려고요. 그것도 엄청난 돈을 말이에요. 영국 정부는 무슨 이유로 돈이 필요했을까요?

당시 유럽 대륙은 전쟁이 끊이지 않았어요. 영국 정부와 은행가가 만났던 17세기의 경우, 전쟁이 없던 시간은 100년 중에 6년밖에 되지 않아요. 전쟁은 돈 잡아먹는 괴물이에요. 무기 사야죠, 병사들 입히고 먹여야죠, 봉급도 줘야 해요. 한 예로, 17세기에 일어난 30년 전쟁*에서 합스부르크 정부와 프랑스는 현재 가치로 각각 12조와 약 15조를 썼어요. 50년 뒤 영국과 프랑스가 맞붙은 스페인 왕위 계승 전쟁에서 양국이 쓴 돈은 약 16조와 3조이고요. 유럽의 나라들은 전

30년 전쟁

1618년에서 1648년까지 독일을 무대로 신교(프로테스탄트)와 구교(가톨릭) 간에 벌어진 전쟁이다. 신교도를 탄압하는 신성로마제국 황제에 맞서 신교도들이 반란을 일으키면서 시작되었지만, 점차 국제 전쟁으로 규모가 커졌다. 전쟁이 시작되고 30년이 지난 1648년에 여러 나라가 베스트팔렌 조약을 맺으면서 끝이 났다.

쟁 자금을 마련하느라 허리가 휠 지경이었지요. 영국 정부가 은행가를 찾아간 이유도 프랑스와의 전쟁 때문이었어요.

"나라가 위급하니 돈 좀 꿔 주시오."
"싫은데요!"

은행가들의 반응은 냉랭했어요. 사실 그들은 자선 사업가도, 애국자도 아니에요. 망할 가능성이 높은 회사에 돈을 빌려 주지 않듯, 은행가들은 전쟁에서 영국이 승리할 가능성이 높지 않다고 판단했어요. 그렇다면 빌려 줄 이유가 없지요. 전쟁에서 지면 이자는커녕 원금도 못 돌려받을 테니까요. 영국 정부는 울컥했어요.

"됐어! 차라리 우리가 돈을 만들고 만다!"

그런데 은행을 만드는 데도 돈은 필요해요. 국고가 바닥난 영국으로서는 그것마저 쉽지 않은 일이었지요. 그래서 영국은 상인들을 불러서 그들의 돈으로 은행을 만들게 했어요. 이것이 오늘날 영국의 중앙은행인 '영란은행'이에요. 영란이란, 영국을 뜻하는 잉글랜드의 한자식 표기예요. 다른 은행들이 자체 지폐인 은행권을 만들어 내듯, 영란은행도 은행권을 찍어 냈는데, 그것이 영국의 화폐인 파운드였어요. 은행권들의 경쟁에 영란은행도 뛰어든 것이지요.

다른 은행보다 출발은 늦었지만 영란은행의 성장은 눈부셨어요. 은행들에게 섭섭한 기억이 있던 영국 정부가 노골적으로 영란은행을 밀어줬거든요. 1844년에 영국 정부는 영란은행이 아닌 은행들은 지폐를 못 만들게 하는 법까지 만들었어요.

영국이 돈 부족을 중앙은행으로 해결하자, 프랑스와 미국도 중앙은행을 만들었어요. 그들도 전쟁으로 극심한 돈 가뭄에 시달리고 있었거든요. 이렇게 해서 오직 국가만이 화폐를 만드는 시대가 열리게 되었답니다.

지폐를 금과 바꿔 드려요

 1816년, 영국은 다음과 같이 선언했어요.

"지폐를 가져오면 은행에서 금화로 바꿔 줍니다!"

지폐와 금화를 바꿔 준다? 지폐를 금과 바꿔 준다는 뜻이에요.

그런데 이렇게 지폐를 금과 바꿔 주려면 그 나라는 보유한 금의 양만큼만 지폐를 만들어야 해요. 예를 들어, 100만 원어치 새로운 지폐를 만들려면, 그 나라의 금고에 100만 원 가치의 금이 들어 있어야 하는 거죠. 이것을 '금본위제'라고 해요.

영국은 왜 금본위제를 실시했을까요? 가장 큰 이유는 당시 영국 사람들이 지폐를 동전만큼 믿고 사용하지 않았기 때문이에요. 동전은 무겁지만 그 자체가 값비싼 금과 은이에요. 하지만 지폐는 잉크로 숫자와 인물 초상화를 그려 넣은 종잇조각일 뿐이잖아요. 그렇다고 지폐를 만들 때 금을 덧씌울 수도 없는 노릇이고요. 국민들이 지폐를 완전히 믿게 만드는 방법은 오직 하나뿐이었어요. 지폐를 금과 바꿔 주는 거죠.

그런데 금본위제는 나라에 금이 넉넉한 부자 나라여야만 가능해요. 그래야 지폐와 금을 바꿔 줄 테니까요. 영국이 최초로 금본위제를 실시한 것도 세계에서 가장 많은 식민지를 가지고 있었기 때문이에요. 영국의 식민지였던 호주와 남아프리카 공화국에는 금이 풍부했어요.

영국이 금본위제를 선언하자 독일, 네덜란드, 프랑스, 스웨덴, 덴마크, 미국 그리고 아시아의 일본까지, 당시 돈 좀 있고 식민지도 좀 있는 나라들은 죄다 금본위제를 선언했어요.

사실, 금본위제는 꽤 괜찮은 화폐 제도예요. 보유한 금의 양만큼 돈을

지폐를 금과 바꿔 주는 금본위제는 보유하고 있는 금만큼만 돈을 만들 수 있기 때문에 안정적으로 돈의 가치를 유지할 수 있다. 그래서 영국을 비롯한 유럽 열강들이 너도나도 이 제도를 실시했다. 식민지를 가지고 있어 금이 풍부했기 때문이다.

만들 수 있기 때문에 안정적으로 돈의 가치를 유지할 수 있어요. 국가가 더 많은 돈을 찍고 싶은 욕심을 부릴 때에도 이를 견제하는 훌륭한 수단이 되고요. 단, 여기에는 조건이 있어요. 국가가 큰돈을 쓸 일이 없어야 한다는 것이지요. 뒤집어 말하면, 비상사태가 발생해서 많은 돈을 필요로 하게 되면 금본위제는 오히려 발목을 잡히게 된다는 뜻이에요.

20세기 초, 유럽에서 제1차, 2차 세계대전이 발발했어요. 유럽 각국들은 전쟁을 치르느라 천문학적인 돈을 쏟아부어야 했지요. 전쟁이 터진 이상 무조건 이겨야 하니까요. 그러자 세계에서 가장 부자 나라였던 영국도 차츰 압박을 받았어요. 영국은 금본위제가 거추장스럽기만 했어요.

"뭐야, 돈도 마음대로 못 찍고. 이따위 금본위제, 안 할래!"

금본위제를 시작한지 115년 만인 1931년, 영국은 금본위제 포기를 선언했어요. 지금까지 영국을 따라했던 다른 나라들도 '그럼 나도!' 하면서 줄줄이 포기 선언을 했지요. 전쟁 때문에 돈에 쪼들려 있기는 그들도 마찬가지였으니까요.

굿 바이! 금

그런데 모두가 포기한 금본위제를 혼자서라도 하겠다며 손을 번쩍 든 나라가 있었어요. 바로 미국이었어요. 미국 역시 1931년, 금본위제를 포기한 적이 있었어요.

그런데 제2차 세계대전이 끝나기 1년 전인 1944년, 미국은 유럽 대표들을 초대해 회의를 열었어요. 여기서 미국은 세계를 향해 '우린 금본위제를 할 거야.'라고 선언했어요. 이것을 '브레턴우즈 체제'라고 불러요.

미국은 왜 모두가 포기한 금본위제를 선언했을까요? 그럴 만한 이유가 있었어요. 미국은 세계대전의 승리국이자, 유일하게 본토에 조금도 피해를 입지 않은 나라였어요. 반면 세계대전의 주 무대였던 유럽은 승자나 패자 할 것 없이 모두 심각한 피해를 입었지요. 미국은 이런 유럽 국가들을 도와주면서 그 대가로 금을 받아서 착실히 챙겼어요. 여기에다 미국 서부의 금광에서 캐낸 금까지 더해지면서 전쟁이 끝날 무렵 미국은 세계 금의 약 80퍼센트를 움켜쥐고 있었지요. 이렇게 금이 많으니 혼자서라도 금본위제를 하겠다고 자신있게 나선 거예요.

이때부터 세계 경제는 미국과 미국 달러를 중심으로 움직이게 돼요. 해외여행을 가고 석유와 식량을 살 때, 무역을 하고, 국제은행을 거래할 때에도 달러가 가장 중요한 돈이 된 것이지요. 이를 '기축통화'라고 해요. 국제 사회에서 가장 많이 사용되는 돈이란 뜻이에요.

베트남 전쟁

베트남의 독립과 통일을 위하여 벌인 전쟁이다. 베트남 독립을 위해 프랑스와 치른 1차 전쟁과 미국의 지원을 받는 남베트남과 치른 2차 전쟁으로 구분한다. 특히 2차 전쟁은 1960년에 결성된 남베트남 민족해방전선이 북베트남의 지원 아래 남베트남군 및 이들을 지원하는 미국군과 싸워 이김으로써 1975년에 남북으로 갈라졌던 베트남이 통일을 이룰 수 있는 계기가 되었다.

그러나 큰소리 뻥뻥 쳤던 미국도 얼마 가지 못했어요. 지폐를 금과 바꾸려는 사람들이 은행 앞에 줄을 서면서 비축했던 금이 서서히 줄어들었거든요. 결정타는 또 전쟁이었어요. 1960년대, 미국은 베트남 전쟁*에 뛰어들었어요.

"그깟 아시아와의 전쟁, 1년이면 충분하지!"

미국은 그렇게 장담했지만 전쟁은 15년이나 계속되었어요. 미국은 천문학적 비용을 베트남에 쏟아부어야 했죠. 미국이 보유한 엄청난 금덩어리로도 감당 못할 만큼요.

당황한 미국은 세계 최고의 금광 국가인 러시아와 만났어요. 그러나 러시아는 미국에 단 1그램의 금도 팔 생각이 없었어요. 당시 두 나라는 동서 냉전*으로 으르렁대고 있었거든요.

어떻게 할까? 미국은 곰곰이 생각했어요. 베트남 전쟁이 문제가 아니었어요. 앞으로도 미국은 아시아, 유럽, 중동, 아프리카, 남미까지 세계 곳곳의 분쟁과 전쟁에 끼어들 계획이 있었어요. 즉, 앞으로도 돈이 계속 필요하다는 얘기지요. 그런데 금본위제가 그때마다 족쇄가 될 것이 뻔했어요.

결국 미국은 1971년 8월 15일, 금본위제 포기를 선언했어요. 돈이 필요할 때는 맘껏 돈을 찍겠다는 뜻이에요.

동서 냉전

직접적으로 무력을 사용하지 않고, 경제, 외교, 정보 따위를 수단으로 하는 국제적 대립을 냉전이라고 한다. 특히 제2차 세계대전 이후 미국을 중심으로 한 자본주의 국가들과 소련을 중심으로 한 공산주의 국가들이 동서로 나뉘어 대립하게 되는데, 이 대립을 동서 냉전이라고 했다. 1990년에 소련의 해체와 함께 사회주의권이 몰락하면서 양 진영 사이의 냉전 상태는 사실상 끝이 났다.

그 후 어떤 나라도 금본위제를 살려 보겠다고 나서는 나라는 나타나지 않았어요. 리디아에서 동전이 발명된 이후 2500년간 이어온 금과 돈의 고리는 그렇게 툭 하고 끊어졌어요.

브레턴우즈 체제

　제2차 세계대전 이후 미국을 중심으로 한 국제 금융 질서를 브레턴우즈 체제라고 해요. 미국 달러를 주 거래 통화로 삼고, 고정 환율제를 골격으로 하고 있지요. 1944년에 미국 뉴햄프셔주 브레턴우즈에서 체결된 국제 협정을 계기로 형성됐어요.
　내용은 복잡해 보여도 이 체제의 핵심 포인트는 간단해요.
　오직 미국의 달러만 금과 바꿀 수 있고, 누구든지 35달러를 가져오면 세계 어느 은행에서나 금 1온스(약 28그램)와 바꿔 준다는 거였어요.
　그럼 달러를 안 쓰는 유럽과 아시아 나라들은 무슨 수로 금을 바꿀까요? 이런 나라들은 좀 번거롭지만 일단 달러로 바꿨다가 다시 금으로 바꾸면 된다는 것이었지요. 이때, 달러와 외국 돈을 바꾸는 비율, 즉 환율은 고정 환율이라 하여 무조건 고정이었고요. 이렇게 되면 달러가 매우 중요해져요. 달러가 있어야 금을 바꿀 수 있으니까요.
　그런데 경제가 어려워 달러가 부족한 나라들은 어떻게 할까요? 그런 나라들을 위해 달러를 꿔 주는 국제기구를 만들었어요. 바로 국제통화기금(아이엠에프 IMF)이지요.

하지만 이 모든 것을 주도했던 미국이 1971년에 금본위제를 폐지하면서 브레턴우즈 체제도 흐지부지해졌어요. 금 1온스 가격도 35달러에서 계속 올라 현재 약 1700달러가 되었고, 변하지 않던 고정 환율 제도도 수요와 공급에 따라 변하는 변동 환율제로 바뀌었고요.

다만, 달러를 빌려 주는 IMF는 지금도 건재해요. IMF가 생긴 지 약 60년 동안 약 20여 개 국가들이 달러를 빌렸고, 한국도 1997년에 경제 위기를 맞으면서 580억 달러를 빌렸어요.

돈의 발행과 신용

오늘날 모든 국가들은 금의 양과 상관없이 돈을 만드는 권리를 갖게 되었어요. 반짝이던 금화와 은화는 값싼 구리 동전으로 바뀌었고, 은행들도 지폐를 금으로 바꿔 주지 않아요.

그런데 돈을 마음대로 찍을 수 있는 권리란 사용 제한이 없는 신용 카드를 손에 쥔 것과 같아요. 펑펑 카드를 긁고 쓸 때는 좋지만, 그것은 결국 갚아야 하는 빚일 뿐이에요. 돈의 가치는 돈에서 나오는 것이 아니거든요.

국가가 필요 이상의 돈을 찍어 내면 그 부담은 모두 국민들에게 돌아가요. 돈의 가치는 떨어지고 물가는 크게 올라 살기가 힘들어지죠.

　10년 전까지 짐바브웨는 아프리카에서도 잘사는 나라였어요. 그런데 경제정책이 실패하면서 짐바브웨 정부는 마지막 수단으로 돈을 엄청 찍어 냈어요. 그 결과 오늘날 짐바브웨에서 계란 셋을 사려면 짐바브웨 1000억 달러가 필요해요.

　미국 역시 매년 신 나게 달러를 찍어 내고 있어요. 미국은 가장 부자 나라이면서 동시에 가장 빚이 많은 나라들 가운데 하나예요. 그 빚을 갚기 위해 미국은 매년 엄청난 달러를 찍고 있어요. 그 결과 달러 가치가 해마다 푹푹 떨어져 세계도 슬슬 걱정과 의심의 눈짓을 보내기 시작했어요.

미국이 달러를 펑펑 찍어도 버티는 이유

미국은 빚이 가장 많은 나라들 가운데 하나예요. 다른 나라였다면 국가부도 사태를 벌써 수십 번도 더 겪었을 거예요. 하지만 미국은 아주 멀쩡해요. 뿐만 아니라 오히려 그 빚을 갚는다고 해마다 엄청난 달러를 찍어 내고 있어요. 눈에 가시 같은 금본위제도 없어졌겠다 거칠 것이 없지요.

그런데 뭔가 이상하지 않나요? 우리는 분명히 국가가 돈을 많이 찍어 내면 돈의 가치가 떨어지고 경제는 파탄이 난다고 알고 있어요. 제1차 세계대전이 끝난 뒤 독일과 최근의 짐바브웨가 그랬던 것처럼 말이에요. 그런데 왜 미국은 그렇게 달러를 펑펑 찍어 내고 있는데도 미국의 경제는 여전히 건재할까요? 비록 전 세계가 그런 미국을 향해 그만 좀 찍으라고 눈을 부라리고 있기는 하지만 말이에요.

그 답은 미국의 국력에 있어요. 미국 달러는 지구상에서 거래되는 거래액의 60퍼센트를 차지해요. 심지어 달러를 사용하지 않는 중동 국가에서 원유를 수입할 때에도 달러로 계산해야 하지요. 세계를 휘어잡은 미국이 우리 돈만 써! 하고 만들기

때문이에요.

　시뇨리지 효과라는 것이 있어요. 앞에서 우리는 한국은행이 1만 원권 지폐를 한 장 만드는 비용이 약 70원이라는 것을 배웠어요. 다시 말하면 한국은행은 1만 원권 지폐를 만들 때마다 약 9900원에 가까운 이익을 앉아서 버는 셈이에요. 이것을 시뇨리지 효과라고 해요.

　그런데 달러의 시뇨리지는 4천만 인구가 사용하는 한국 원화와 비교가 되지 않아요. 미국은 100달러 지폐를 만들 때마다 92달러를 챙기고, 이 돈을 60억 인류에게 팔아서 사용하게 해요. 그렇게 해서 벌어들이는 돈이 매년 100억 달러가 넘어요. 그리고 이 돈으로 빚을 해결하지요. 물론 달러를 찍을수록 가치는 떨어지겠지만 벌어들이는 돈이 더 많으니 달러를 마구 찍어대는 거예요.

　이것은 달러가 기축통화이기 때문에 가능한 거예요. 전 세계가 달러를 공용 화폐로 사용하고 있으니까요. 기축통화만이 누릴 수 있는 엄청난 특혜인 것이지요.

　최근 강성해지고 있는 중국이 틈나는 대로 미국의 달러를 욕하면서 내심 달러가 차지하고 있는 기축통화 자리를 탐내고 있어요. 물론 미국은 그 자리를 물러나거나 양보할 생각이 추호도 없지만요. 달러가 언제까지 기축통화로서의 영광을 누릴 수 있는지 지켜보는 것도 의미가 있겠지요?

Chapter 4
자본주의의 탄생

산업 혁명은 자본가와 노동자 계급을 만들어 내고, **시민 혁명**은 이 관계를 고착시켰다.

자본주의와 공산주의

민주주의의 반대말이 무엇인지 아나요? 흔히 들 민주주의의 반대는 공산주의라고 생각하는 사람들이 많아요. 한국과 미국은 민주주의 국가이고, 북한은 공산주의 국가니까 민주주의의 반대는 공산주의라는 식이지요.

그런데 이것은 틀린 생각이에요. 민주주의의 반대말은 공산주의가 아니에요. 민주주의란 국민이 주인이고, 국민의 뜻으로 다스리는 정치를 말해요. 그 반대말은 왕이 다스리는 왕정 국가와 국민의 뜻을 무시하는 독재 국가예요.

민주주의는 정치 제도지만 공산주의는 경제 제도예요. 따라서 공산주의의 반대말은 자본주의예요. 자본주의는 돈 버는 것을 최고라고 믿고, 개인 재산을 인정하는 제도이지요. 이 자본주의에 반대하여 나온 것이 공산주의고요.

그렇다면 공산주의는 어떤 내용일까요? 또 무슨 이유로 자본주의를 반대했을까요? 그 대답을 알기 위해서는 먼저 자본주의가 어떻게 만들어졌는지부터 알아야 해요.

자본주의 탄생

돈의 나이는 약 8000살쯤 돼요. 만일 동전의 발명부터 다시 계산하면 약 2600살쯤이죠. 그럼 자본주의는 몇 살쯤 되었을까요? 자본주의가 태어난 고향은 17세기 유럽이에요. 그러니까 약 400살쯤 되었어요. 생각보다 자본주의는 늦게 나온 편이죠?

이런저런 이유들이 있어요. 유럽의 5세기부터 약 천 년 동안을 중세라고 불러요. 당시 유럽 인구의 10명 가운데 9명은 농사를 지었어요. 자기 땅을 가진 농민들도 있었지만, 대부분은 그렇지 못했어요. 이들을 농노*라고 불렀는데, 농노들은 넓은 땅을 가진 영주 밑에서 땅을 빌려 농사를 짓고 수확한 곡식을 영주에게 세금으로 바쳤어요.

조선 시대에 화폐가 발달하지 못한 것이 농업 중심의 경제 때문이라고 했죠? 중세 유럽도 마찬가지였어요. 농노들은 장원이라 부르는 영주의 땅에 살면서 필요한

> **농노**
> 유럽 중세 봉건 사회에서 영주에게 예속된 채 평생 노예처럼 일해야 했던 농민을 농노라고 한다. 이들은 영주에게 땅을 빌린 대가로 부역과 공납의 의무를 졌고, 이전의 자유가 없었다.

물건은 직접 손으로 만들어서 사용했어요. 가죽을 잘라 구두를 만들고 옷도 직접 바느질해서 입었지요. 이것을 자급자족 경제라고 불러요. 자급자족이란, 혼자서 다 해결한다는 뜻이에요. 세금도 곡식으로 내고, 물건도 직접 만들어 쓰니 돈을 사용할 일이 거의 없었어요.

그래도 시장은 있었어요. 그러나 지금의 마트나 재래시장처럼 매일 열리는 것이 아니라 일주일에 한 번 열리는 시장이었지요. 일주일마다 열렸다고 해서 '주시'라고 불렀어요. 마치 5일마다 열렸던 한국의 시골 장터처럼 말이죠.

그런데 이 주시는 별로 인기가 없었어요. 자급자족 시대라 시장에 가는 사람도, 살 만한 물건도 많지 않았거든요. 그나마도 돈이 아니라 대부분 물물교환으로 거래가 이루어졌고요.

이때에도 동전은 있었어요. 그런데 이 돈을 사용한 사람들은 신분이 높은 왕족과 귀족, 그리고 교회 성직자들이었어요. 간혹 세금을 곡식이 아닌 돈으로 걷는 뜬금없는 영주들도 없지 않아 있었지만, 그럴 때면 농민들은 무척 곤혹스러웠어요. 세금 낼 동전을 구하기 위해 곡물을 손해보고 팔아야 했거든요. 농민들에게 동전은 불편하고 어색한 물건일 뿐이었어요.

더구나 중세 유럽은 돈보다 신분이 더 중요했어요. 이 신분을 결정하는 것은 능력도, 돈도 아니었지요. 내가 귀족인 이유는 아빠가 귀족이었기 때문이며, 내가 천민으로 태어나면 자식과 손자도 천민이 되어야 했어요. 한번 귀족은 영원한 귀족이었고, 반대로 천민은 죽을 때까지 천민으로 살아야 했던 것이지요.

사회적 분위기도 한몫 거들었어요. 중세 유럽은 기독교가 지배하는 사회였는데, 교회는 인간이 먹고 사는데 필요한 것 이상으로 돈을 버는 것을 탐탁해하지 않았어요. 교회는 입버릇처럼 다음과 같은 말을 했어요.

"부자가 천국에 가는 것은 낙타가 바늘구멍을 통과하는 것보다 어렵다!"

흥미로운 점은, 이렇게 말한 교회가 사실은 당시 유럽 토지의 30퍼센트 이상을 소유한 엄청난 부자였다는 사실이에요. 또 교회는 농민들로부터 십일조라며 소득의 10퍼센트에 해당하는 세금을 꼬박꼬박 받아 냈는데, 자신들은 단 한 푼의 세금도 내려 하지 않았어요.

이렇듯 자급자족의 경제와 철저한 신분 제도, 기독교의 교리 등으로 중세에는 돈의 사용이 활발하지 못했어요.

그랬던 유럽에 14세기부터 살랑살랑 돈바람이 불기 시작해요. 그 바람을 일으킨 것은 유럽의 상인들이었어요.

부활한 돈

대부분이 농사를 짓던 중세 유럽에도 상인들은 있었어요. 당시 기독교 사회였던 유럽은 종교 때문에 동쪽의 이슬람 지역과 사이가 몹시 나빴어요.

그런데 이슬람 지역과 지중해를 사이에 두고 있던 이탈리아 상인들은 그런 것에 신경 쓰지 않았어요. 이슬람 지역에는 유럽에서는 구할 수 없는 향신료, 양탄자, 비단 등 진귀한 물건들이 가득했어요. 이탈리아 상인들은 이 물건을 수입해 유럽에 팔아 짭짤하게 돈을 벌고 있었지요.

유럽 남쪽에 이탈리아 상인들이 있었다면, 북유럽에는 또 다른 상인들이 활동하고 있었어요. 원래 북유럽은 날씨는 춥고 땅은 거칠어서 농사가 어려웠어요. 대신 육지에는 좋은 목재와 야생동물이 많았고, 바다에는 청어, 대구 같은 맛 좋은 생선이 가득한 황금어장이 있었지요. 북유럽 상인들은 목재와 짐승 가죽, 동물 기름, 물고기 등을 배에 싣고 부지런히 북유럽을 돌아다니며 장사를 했어요.

그러다가 12세기, 북유럽의 상인들과 남쪽의 이탈리아 상인들이 드디어 유럽 한가운데서 만났어요. 오늘날 프랑스 북부와 벨기에 지방이었지요. 대규모 시장이 열리게 된 거예요.

일주일에 한 번 열리던 주시와 달리, 이 시장들은 거의 일 년 내내 열렸어요. 시장은 곧 사람들로 북적였어요. 상업의 발달은 곧 돈의 부활을 뜻해요. 물물교환만으로는 감당할 수 없을 만큼 다양한 물건들이 거래되면서 돈도 활발하게 쓰이게 되었어요. 시간이 흘러, 농촌에까지 돈이 스며들자 농부들도 이제 돈으로 세금을 내기 시작했어요.

시장의 규모가 커지자 많은 건물들이 세워졌어요. 식당, 여관, 환전소, 약국, 이발소 등 상인들의 도시가 생겨났어요. 여기에 농촌의 농노들까지 장원을 탈출해 도시로 몰려들었지요.

"농사지으면 뭐해? 영주에게 세금으로 죄다 뺏기고 남는 게 없는 걸.
이렇게 살면서 굶주릴 바에는 차라리 도시에 가서 장사나 하면서 먹고 살래."

'도시의 공기는 인간을 자유롭게 한다!' 당시 유행하던 말이에요.

농노들은 도시에서 운 좋게 1년만 잘 숨어 다니면 자유인의 신분을 얻을 수 있었어요. 그리고 그들은 도시에 눌러앉아 시장에 팔 이런저런 물건을 만들어 냈지요. 수공업자가 된 거예요.

도시의 숫자가 점점 늘어나자 각 도시의 상인들은 '길드'라는 단체를 만들기 시작했어요. 수공업자도 길드를 만들고, 도둑도 길드를 만들고,

상업이 발달하고 도시가 생겨나면서 상공업자들이 자신들의 이익을 위한 동업 조합인 길드를 만들었다. 길드는 중세 영주의 권력에 대항하면서 도시의 정치적, 경제적 실권을 쥐었으나, 근대 산업의 발달과 함께 16세기 이후에 쇠퇴하였다.

심지어 거지들도 길드를 만들어 다른 지역의 거지들이 동냥하러 도시로 들어오면 우르르 몰려가 혼을 내 주기도 했어요.

상인과 손을 잡은 국가

 그러던 어느 날, 도시가 포함되어 있는 지역을 다스리는 지방 영주가 나타났어요.

"너희, 여기서 장사하려면 세금을 내!"

영주들은 농노들이 세금을 바치듯 도시의 상인들도 당연히 그래야 한다고 생각했어요. 또 고분고분 말을 듣지 않으면 혼내 주겠다고 겁도 줬지요. 하지만 영주는 알지 못했어요. 상인들은 힘없고 순박한 농노들과는 전혀 다른 사람들이라는 것을요.

"완전 어이없다. 우리가 만든 도시인데 왜 세금을 내?"

상인들은 순순히 세금을 낼 생각이 없었어요. 그렇다고 영주의 힘을 무시하기도 어려웠지요. 고민하던 상인들은 국왕과 손을 잡았어요. 왜 하필 국왕이었을까요?

분명히 신분상 영주는 국왕의 신하예요. 하지만 당시만 해도 모양만 그럴 뿐 국왕은 영주에게 이래라저래라 간섭할 처지도, 힘도 없었어요. 국왕은 중앙에 있는 상징일 뿐 지방은 독립된 영주들이 나눠서 다스리고 있었거든요. 게다가 영주들은 군대도 있고 세금도 직접 거두었기 때문에 자기 땅에서는 왕이나 다름없었어요.

국왕은 기꺼이 상인들이 내민 손을 잡았어요. 국왕의 목표는 영주들의 힘을 누르고 국왕 중심의 국가, 즉 중앙집권제를 실시하는 것이었어요. 그러려면 막대한 돈이 필요했죠. 그 돈을 빌려 준 것이 상인들이었어요. 대신, 상인들은 국왕으로부터 이런 저런 특혜를 얻어 냈어요. 세금을 깎아 주고 자신들에게 유리한 법들을 만들게 했지요.

자기 땅의 도시들이 하나둘 국왕의 그늘 속으로 들어가자 영주들의 힘은 점점 약해졌어요. 그렇게 해서 중세 봉건제는 서서히 무너지고 국왕 중심의 강력한 국가가 세워지게 되어요.

이후에도 국가는 상인들과 은행과의 유대를 끈끈하게 유지해요. 돈 줄이니까요.

> 역시 돈이 최고야. 국력은 돈에서 나오는 거야!

돈의 위력을 실감한 국왕들은 앞다퉈 상업과 무역을 중심으로 하는 돈벌이에 몰두하게 돼요.

더 많은 물건이 필요해!

16세기, 신대륙에서 금과 은이 발견되자 유럽은 돈벼락을 맞게 되었어요. 그런데 그것이 꼭 좋은 일만은 아니었어요. 돈이 많아지면서 사람들이 평소보다 지출을 많이 했기 때문이에요. 더구나 돈이 많아진 것이지 물건의 양이 늘어난 것은 아니어서 문제가 생겼어요. 물가가 오르기 시작한 거죠. 실제로 신대륙에서 금과 은이 들어온 후 유럽의 물가는 3배나 폭등했어요.

상인들은 고민했어요.

> 우리가 돈을 벌려면 더 많은 물건이 필요해!

상인들은 물건을 만드는 수공업자, 혹은 장인이라 불리는 사람들을 만났어요.

400년 전, 유럽의 도시에는 이런저런 물건을 만드는 가게들이 많았어요. 구두 가게, 목수 가게, 철공소, 말발굽을 만드는 가게도 있었고요. 이 가게를 운영하는 사람은 뛰어난 기술을 가지고 있는 장인들이었어요.

그런데 장인들은 상인들처럼 큰돈을 벌지는 못했어요. 상인들은 돈 냄새가 나는 곳을 찾아 지구를 돌아다니는 사람들이에요. 반면 장인들은 대부분의 시간을 작업장에서 보내는 사람들이었지요. 심지어 오래전에 유행이 끝나 아무도 찾지 않는 물건을 열심히 만드는 장인이 있을 정도로 그들은 세상 물정에 어두웠어요. 『피노키오』에 나오는 제페트 할아버지를 떠올려 보세요. 그러면 당시 수공업자들이 어떤 사람들이었는지 쉽게 상상이 될 거예요.

만드는 물건의 양도 한계가 있었어요. 작업장은 협소하고 직원은 몇 명 안 되는 데다 손으로 작업한 수공업이었거든요. 먼 곳으로 가져가 파는 것도 쉽지 않았어요. 직접 만든 물건을 가게에 진열했다가 파는, 그야말로 구멍가게 수준이었지요.

그러던 어느 날, 말발굽을 만드는 한 장인의 가게에 상인이 찾아왔어요.

"곧 전쟁이 일어날 거야. 그래서 말발굽이 필요한데, 한 2만 개쯤?"
"네?"

당시에는 유럽 전역에 전쟁이 빈번하게 일어났어요. 그러다 보니 말이 군마로 요긴하게 쓰였고, 상인들은 각국 정부와 계약을 맺고 이런저런 전쟁 물자들을 조달했어요.

장인은 난처했어요. 그 많은 말발굽을 만들어 본 적이 없었거든요. 만들 수야 있겠지만 돈도 없었어요. 그 정도의 말발굽을 만들려면 재료인 쇠 값만 해도 엄청 났으니까요.

"쇠랑 다른 재료는 내가 대 줄테니 다른 장인들을 모아서 만들어만 주시오."

지금까지 장인은 1인 3역이었어요. 재료를 사고, 물건을 만들고, 판매까지 혼자 다했죠. 이제 상황이 달라졌어요. 장인은

혼자서 재료를 사고, 물건을 만들고, 판매까지 했던 장인은, 상인들의
등장으로 단지 주문대로 물건만 만들어 파는 월급쟁이로 바뀌게 된다.
이는 소량 수공업에서 공장제 대량 생산으로 변화되는 과정이기도 했다.

단지 주문대로 물건만 만들고 재료 공급과 판매는 상인이 했어요. 이것을 '선대제'라고 불러요.

다시 시간이 흐르자, 상인은 아예 땅을 사서 공장을 짓고 장인들을 모아 고용했는데, 이를 공장제 수공업, 또는 매뉴팩처라고 해요. 공장 건물에서 장인들이 손으로 물건을 만든다는 뜻이에요. 과거의 사장님들이 이제는 월급쟁이가 된 것이지요. 이것을 '상인 자본이 생산을 지배한다.'라고 해요. 오늘날 대기업의 시작이죠.

그러다가 18세기, 영국에서 증기 기관이 발명되면서 공장은 기계로 물건을 대량으로 만들기 시작했어요. 공장제 기계공업이 시작된 것이지요. 그러나 기계가 생겼다고 대량 생산이 그냥 되는 것은 아니에요. 물건을 만들 재료와 원료가 확보되어야 하고, 그 물건을 사 줄 사람이 있어야 하지요. 좁은 유럽 대륙에서는 한계가 있었어요. 그래서 그들은 해외로 눈을 돌렸어요. 바로 식민지였죠.

식민지와 자본주의

18세기, 프랑스, 영국, 네덜란드, 독일 등 유럽의 강대국들은 자신의 영토보다 훨씬 넓은 식민지를 갖고 있었어요. 그 중 가장 넓은 식민지를 갖고 있던 영국은 면직물 산업이 크게 발달했어요. 영국의 기후는 비가 많이 오고 우중충해서 목화 재배에 적합하지 않았어요. 그런데도 면직물 산업이 발달했던 것은 식민지였던 인도에서 헐값에 목화를 들여오고, 그 목화로 만든 면직물을 다시 인도에 비싼 값에 팔아 큰돈을 벌었기 때문이에요. 그러면서도 영국은 인도인들이 만든 면직물을 영국인이 사지 못하도록 수입을 금지시켰어요.

면직물 산업이 발달하면서 영국은 수공업에서 공장제 기계 공업으로 전환하게 돼요. 이른바 산업 혁명*이

산업 혁명

18세기 후반부터 약 100년 동안 유럽에서 일어난 생산 기술과 그에 따른 사회 조직의 큰 변화를 말한다. 영국에서 일어난 방적 기계의 개량이 발단이 되어 1760년에서 1840년에 걸쳐 유럽 여러 나라에서 계속 일어났다. 수공업에서 기계 설비에 의한 공장으로 전환됨으로써 자본주의 경제가 확립되었다.

일어난 거예요. 산업 혁명과 식민지 경영으로 상인들은 점점 더 부자가 되었어요. 이때부터 사람들은 돈이 많은 상인과 은행가들을 자본가 혹은 부르주아라고 부르기 시작했어요.

오늘날 자본주의는 이렇게 유럽 상인들 손에서 탄생했어요.

하지만 자본가들은 그 정도로는 만족할 수 없었어요. 그들의 가장 큰 불만은 정치에 참여할 수 없다는 것이었어요. 봉건제는 이미 무너졌지만 신분 제도는 여전히 존재했어요. 당시 자본가는 교회 성직자와 귀족 다음인 3번째 신분인 평민으로, 농민과 공장 노동자와 같은 위치였어요. 그래서 그들은 1789년, 같은 신분인 농민과 노동자와 손을 잡고 혁명을 일으켰어요. 이것이 그 유명한 '프랑스 대혁명', 혹은 '시민 혁명'*이라 불리는 사건이에요.

> 부자가 되면 뭐해? 우린 여전히 신분이 낮잖아.

혁명은 성공했어요. 그 결과 신분 제도는 철폐되고 자본가들은 그토록 꿈꾸던 정치에 참여할 수 있게 되었지요. 세상을 모두 가진 듯한 기분에 자본가들은 너무나 행복했어요.

프랑스 대혁명
1789년부터 1799년까지 프랑스에서 일어난 시민 혁명이다. 부르봉 왕조를 무너뜨리고 프랑스의 사회, 정치, 사법, 종교적 구조를 크게 바꾸어 놓았다.

그런데 덩실덩실 춤추는 자본가들을 원망스럽게 바라보는 사람들이 있었어요. 그들은 시민 혁명 때 자본가와 함께 싸웠던 동료들이자, 자본가의 공장에서 일하고 그들에게서 월급을 받는 노동자들이었어요. 그들은 왜 화가 났을까요?

화가 난 노동자들

오늘날 노동자들은 법에 의해 성인들만 하루 8시간을 일하고, 작업 중 다친 사람은 보상을, 임신을 한 여성은 출산 휴가를 받을 수 있어요. 또 노동조합을 만들어 회사와 직접 대화를 할 수도 있지요. 그러나 이런 일들은 200년 전 유럽에서는 상상도 할 수 없었어요.

산업 혁명 당시 근무 환경은 몹시 열악했어요. 비위생적이고 휴게실은커녕 의자도 없어서 잠시도 쉴 수가 없었어요. 또 날카로운 기계가 쉼 없이 돌아가는 공장에는 안전장치라고는 전혀 없어서 손발이 잘려 나간 노동자들이 속출했지만 치료비는 기대할 수도 없었어요.

노동자들은 하루 평균 15시간을 일해야 했고, 20시간 일하는 공장들도 부지기수였어요. 공장에는 작업반장의 회초리를 맞아가며 일을 하는 7살에서 13살 미만의 어린이들도 많았어요. 심지어 석탄을 캐다가 아기를 낳는 임산부도 흔했고요. 그렇게 해서 받는 돈은 현재 가치로 한 달에 10만 원 정도였어요. 4인 가족이 모두 공장에서 일을 해도 먹고 살기가 빠듯했지요.

산업 혁명으로 농토를 빼앗긴 농민들은 도시로 쫓겨와 빈민이 되거나 공장 노동자가 되어 열악한 환경에서 부당한 대우를 받으며 장시간 노동에 시달려야 했다.

사실 노동자들의 대부분은 농촌 출신이었어요. 그들은 왜 농사를 안 짓고 도시로 와서 공장 노동자가 되어 이런 고생을 하고 있을까요? 그것은 농토를 다 빼앗겼기 때문이에요.

산업 혁명이 일어나기 전, 영국에는 모직물의 열풍이 일어났어요. 면직물이 목화로 만든 옷이라면, 모직물은 양의 털로 만든 옷이에요. 양을 키우면 돈이 된다! 이 소문을 들은 영주들은 농부들을 내쫓고 농토에 울타리를 치고 양 목장을 만들었어요. 이를 '인클로저 운동'이라고 해요. 인클로저란 '울타리를 치다'라는 뜻이에요.

땅을 잃은 농부들은 결국 도시로 몰려갔어요. 일부는 공장에 취직했지만 동냥을 하며 거리를 떠도는 사람들도 많았어요. 영국 정부는 이 지저분한 난민들이 몹시 눈에 거슬렸어요.

직업도 없이 떠도는 부랑자들은 모두 처벌하겠다!

영국 정부는 일을 하지 않는 사람들은 모두 체포해 무서운 벌을 주었어요. 귀를 자르거나, 사형을 시키기도 했지요. 겁에 질린 사람들은 어쩔 수 없이 공장이나 석탄 회사에 들어가 일을 하게 되었어요. 강제로 취직하다시피 한 사람들에게 자본가들이 제대로 대우를 해 줬을 리가 없지요.

노동자들도 더는 참을 수 없었어요. 노동자들은 월급을 올려 주고 대우를 개선해 달라고 요구했어요. 그러나 그들의 요구에 자본가들은 물론 정부도 귀를 기울이지 않았어요. 화가 난 노동자들은 급기야 공장의 기계를 부수고 거칠게 항의했어요.* 그러자 영국 정부는 1812년, 기계를 부순 노동자를 사형에 처하는 법을 만들었어요. 비로소 노동자들은 중요한 사실을 깨달았어요.

"우리 노동자들을 위한 법이 필요해!"

오늘날 법은 국민들이 뽑은 국회 의원이 만들어요. 하지만 산업 혁명 당시 노동자들은 투표권도 없는 신분이었어요. 그래서 프랑스 노동자들은 정치에 참여하기 위해 자본가와 손을 잡고 정부와 맞섰어요. 이것이 앞에서 설명한 프랑스 대혁명이에요.

> **러다이트 운동 (기계 파괴 운동)**
> 1811년에 영국의 중부와 북부의 섬유 공업 지대에서 노동자들이 자본주의에 대항하여 일으킨 운동이다. 특히, 일자리를 잃은 노동자들은 그 원인을 기계 때문이라고 생각하여 기계를 파괴하는 등 거칠게 자본가에게 항의하였다.

혁명은 성공했지만 노동자들은 몹시 침울했어요. 혁명 이후 새롭게 만들어진 약 2000개의 법 중 자본가를 위한 법은 약 800개, 노동자를 위한 법은 고작 7개였어요. 심지어 자본가들은 조합을 만들어도 되지만, 노동자들은 조합을 만들 수도, 파업을 할 수도 없었어요. 비로소 노동자들은 자신들이 이용당한 것을 깨달았어요. 하지만 이미 늦었어요.

결국 대혁명은 자본가들을 위한 것이었어요. 자본가들은 더 많은 돈을 벌고, 자신의 재산을 지키기 위해서 혁명에 가담했던 거였어요. 그래서 프랑스 대혁명을 다른 말로 '부르주아 혁명' 혹은 '시민 혁명'이라고 해요. 여기서 시민이란 자본가와 교사, 공무원, 의사 등을 말해요. 농민이나 노동자는 해당되지 않는 것이지요.

노동자들은 프랑스 의회로 우르르 몰려갔어요.

"우리에게 빵을 달라!"

"선거권을 확대하라!"

1848년 6월 혁명

시민 혁명으로 권력을 잡은 부르주아들은 철저하게 자기들 위주로 정치를 펴 나갔다. 이에 분노한 노동자들은 다시 무기를 들고 봉기하였으나, 정부는 '질서와 안정'을 내세우며 무자비하게 진압하였다. 수천 명이 죽고 수만 명이 체포되었으며, 체포된 사람들은 알제리 강제 노역소로 추방되었다. 귀족에 맞서 자유와 혁명을 부르짖던 부르주아들이 민중의 요구를 억압하는 압제자가 된 것이다.

그러나 의회 안에 있던 자본가들은 더 이상 그들의 동료가 아니었어요. 아쉬울 것이 없는 자본가들은 노동자들을 폭도라 부르며 군대를 동원해 공격했어요. 1848년 6월, 약 35000명의 노동자들이 사살되거나 처형을 당했어요.*

그런데 이 무렵, 자본주의는 반드시 멸망하고 새로운 세상이 올 거라고 주장한 사람이 나타났어요. 공산주의의 아버지라 불리는 칼 마르크스였어요.

마르크스가 예언한 공산주의

 마르크스와 잠시 인터뷰를 해 보도록 할게요.

Q 마르크스씨, 안녕하세요? 간단히 자기소개부터 해 주세요.

A 전 유대인이에요. 태어난 곳은 독일이고요. 어릴 때 꿈은 시인이었죠. 하지만 유럽 노동자들의 비참한 생활을 보면서 생각을 바꿨어요.

Q 자본주의가 멸망할 거라고 말씀하셨는데……. 왜 그렇게 자본주의를 싫어하세요?

A 너무 불공평한 제도니까요. 자본가들이 부자인 것은 능력이 뛰어나서가 아니에요. 노동자들이 열심히 일을 해 줬기 때문이죠. 그런데 자본가들은 일한 만큼 돈을 주지 않아요. 이 상태가 계속되면 부자는 더 큰 부자가 되고 노동자는 계속 가난해질 거예요.

Q 그런 문제라면 정부에 말해서 제도를 하나씩 고치면 되지 않나요?

A 흥, 소용없어요. 들은 척도 안 하니까요. 국가란 옛날부터 늘 돈 많은 자본가의 편인 걸 모르나요?

Q 흠, 그럼 어떻게 해야 하나요?

🅐 방법은 하나뿐이에요. 노동자들이 힘을 합해 지금 정부와 자본주의를 무너뜨리고 새로운 세상을 만드는 거죠.

🅠 새로운 세상이라, 그건 어떤 사회인가요?

🅐 모두 일하고 똑같이 나눠 가지는 사회, 부자도 없고 가난한 사람도 없는 사회죠. 그렇게 되려면 개인 재산이 없어야 해요. 그게 내가 꿈꾸는 공산주의 사회예요.

🅠 과연 그런 일이 일어날까요?

🅐 그럼요. 노동자들은 바보가 아니에요. 계속 참고 당하지만은 않을 겁니다. 두고 봐요. 조만간 곳곳에서 공산주의 사회가 건설될 테니까요.

🅠 그럼 어떤 나라가 가장 먼저 공산주의 사회가 될까요?

🅐 당연히 산업이 발달한 나라들이죠. 예를 들어, 영국이나 프랑스 같은 나라들. 그런 곳일수록 자본가가 많고 불만 많은 노동자들도 많으니까요.

그러나 마르크스는 공산주의 사회를 끝내 보지 못하고 1883년에 늦막엄으로 숨을 거두었어요. 마르크스가 사망하고 34년 후인 1917년, 러시아에서 공산주의 혁명이 일어나면서 마르크스의 예언은 사실로 드러났지요.

사회주의는 왜 실패했을까?

 러시아에 공산주의 혁명을 일으킨 사람은 레닌이라는 사람이었어요.

레닌은 공산주의를 이루기 위해서는 중간 과정을 거쳐야 한다고 생각했어요. 그것을 레닌은 '사회주의'라고 불렀어요. 오늘날에는 공산주의라는 말보다는 사회주의라는 말을 더 많이 사용해요.

마르크스는 산업이 발달된 선진국에서 공산주의 사회가 건설될 거라고 예언했지만, 정작 공산주의 혁명은 러시아에서 일어났어요. 러시아는 당시 유럽에서도 가난한 농업 국가들 가운데 하나였어요. 그 뒤를 이어 공산화한 몽골, 중국, 북한, 쿠바 등과 같은 나라들도 선진국과는 거리가 먼 나라들이었지요. 다시 말해, 마르크스가 꿈꿨던 공산주의(사회주의)는 실패했다고 볼 수 있어요.

그렇다면 사회주의는 왜 실패했을까요?

가장 큰 이유는 개인 재산을 인정하지 않았기 때문이에요. 사회주의자들은 사람들이 좀 더 가지려고 욕심을 냈기 때문에 잘사는 사람과 못사는 사람들로 나눠졌다고 믿었어요. 그런데 인간은 누구나

자기 것에 대한 욕구와 집착이 강해요. 내 재산을 가질 수 없다면 사람들은 열심히 일을 하지 않아요. 실제로 이런 일도 있었어요.

   1980년대, 북한은 농업 생산량이 너무 적어서 주민들이 배고픔에 시달리고 있었어요. 고민하던 북한은 농민들에게 텃밭을 가꾸는 것을 허용했어요. 자기 집 앞에 작은 밭을 만들고 그 밭에서 자란 채소는 마음껏 먹어도 된다고 한 것이지요. 그러자 텃밭에서 생산된 수확량이 집단 농장의 수확량보다 무려 7배나 넘었다고 해요.

   그렇다면 사회주의는 완전히 실패한 것일까요? 대부분의 사회주의 국가들이 자본주의를 받아들이는 등 겉으로 보면 그렇지만, 사회주의는 자본주의의 부족한 면을 보충하는 좋은 자극이 되기도 했답니다.

모두가 공평하게 잘먹고 잘사는 나라를 꿈꿨던 사회주의 사상은 개인 재산을 인정하지 않고 철저하게 국가 통제 아래 경제가 진행됨으로써 실패하고 말았다.

자본주의와 사회주의, 서로를 받아들이다

 "3일 굶고 남의 집 담을 넘지 않는 사람은 없다."

　50년대와 60년대 가난을 겪었던 어르신들이 자주 하는 말씀이에요. 가난은 사람들을 몹시 민감하게 만들어요.
　19세기, 사회주의가 처음 나왔을 때 유럽 노동자들이 열광한 것도 자본주의 제도에서 너무 가난했기 때문이에요. 그런데 믿었던 사회주의 마저 가난을 해결해 주지 못하자 사람들은 실망했어요. 사회주의 국가들은 바짝 긴장했어요. 실망한 국민들이 또 다른 반란과 혁명을 일으킬까 봐 두려웠던 것이지요. 이념이나 거창한 사상보다 더 무서운 것이 가난과 배고픔이거든요.
　결국 1990년대부터 러시아, 중국을 비롯한 수많은 사회주의 국가들이 자본주의 제도를 적극적으로 받아들이기 시작했어요. 실제로 오늘날 북한과 쿠바를 제외한 대부분의 사회주의 국가들은 자본주의를 받아들이고 있어요. 이를 두고 '자본주의가 사회주의를 이겼다! 마르크스가 틀렸다!'라고 말하는 학자들도 있지요.

하지만 자본주의도 느낀 바가 있었어요. 그동안 자본주의는 돈만 벌면 최고라는 생각으로 가난한 사람과 노동자들의 인권에 대해서는 무관심했던 것이 사실이에요. 세계 곳곳에서 사회주의 운동이 일어나자 그들은 바짝 긴장했어요.

"이러다, 혹시 우리나라에도 공산주의 혁명이 일어날지 몰라!"

위기감을 느낀 자본주의 국가들은 재빨리 집안 단속에 나섰어요. 영국이나 프랑스 같은 나라들은 식민지에서 가져온 재산을 노동자들에게 나누어 주면서 노동자들을 달랬어요. 또 노동자들을 위한 법도 만들고 노동자들도 투표를 할 수 있게 했지요. 자본주의가 발달한 선진국에서 가장 먼저 공산주의 혁명이 일어날 거라던 마르크스의 예언이 틀리게 된 결정적인 이유예요.

또 원래 간섭하지 않았던 경제 문제에도 국가가 적극적으로 나서기 시작했어요. 사회주의가 평등과 분배를 중요시하는 제도라면 자본주의는 성장과 이익을 최고라고 믿는 제도예요. 그래서 부자와 가난한 사람의 격차가 커지는 것도 어쩔 수 없는 일이라며 중요하게 생각하지 않았지요. 하지만 이제는 국가가 나서서 이 격차를 줄이기 위한 여러 정책을 실시했어요. 부자가 더 많은 세금을 내고, 이 세금으로 가난한 사람들을 돕도록 하는 등 사회 복지 제도를 펴 나갔지요.

오늘날 우리들이 돈을 내지 않아도 학교에서 교육을 받고, 무료로 급식을 먹을 수 있는 것은 다 이 사회 복지 제도 때문이에요. 또 적은 돈을 내고도 병원 치료를 받고 나이가 들면 국가로부터 연금을 받을 수 있는 것도 이 제도 때문이고요.

　사회 복지에 가장 적극적인 곳이 북유럽 국가들인데, 그 정책을 '복지 사회주의'라고 불러요. 사회주의 국가들이 자본주의를 받아들였듯 자본주의 국가들도 사회주의를 받아들인 결과로 나타난 것이지요.

Chapter 5

돈의 가격, 이자와 환율

이자가 남의 돈을 사용하는 가격이라면,
환율은 외국 돈의 가격이다.
경제의 90퍼센트를 무역에 의존하는
한국은 환율에 민감할 수밖에 없다.

은행에 예금을 하면 왜 이자를 줄까?

 "나 천 원만 빌려 주라, 내일 갚을게."

여러분 중에도 이렇게 친구에게 돈을 빌려 주거나 빌려 본 적이 있을 거예요. 하지만 돈을 빌려 주고 이자를 받는 일은 거의 없지요. 그랬다가는 오히려 치사하다는 소리나 들을 게 뻔하니까요.

하지만 어른들의 세계는 좀 달라요. 친구는 물론 친척에게 돈을 빌려 줘도 이자를 받는 경우가 흔하답니다. 이자가 뭐냐고요? 한마디로 돈을 사용한 비용이에요. 정확하게 말해서 남의 돈을 사용한 대가죠. 세상에 공짜는 없으니까요.

이자가 가장 많이 적용되는 곳은 은행이에요. 요즘 100만 원을 예금하면 1년 후 은행은 통장에 이자로 약 4만 원쯤 넣어 줘요. 그런데 은행은 왜 이자를 줄까요? 돈을 안전하게 보관해 주는 것만으로도 고마운데 말이죠.

흔히 우리는 우리가 예금한 돈이 은행 금고에 잘 보관되어 있을 거라고 생각해요. 설대로 아니에요. 은행은 이 돈을 다른 사람에게 빌려 주고 이자를 받아요. 대출이죠. 은행들의 가장 큰 수입은 바로 이 대출 이자예요. 남의 돈을 사용한 대가가 이자잖아요? 은행이 예금 이자를 주는 이유는 우리가 예금한 돈을 사용해 돈을 벌었기 때문이에요.

대신 영리한 은행은 대출 이자율을 예금 이자율보다 높게 만들었어요. 예를 들어, 빌려 줄 때에는 9퍼센트이고 예금자에게 줄 때에는 5퍼센트를 주는 식이죠. 5퍼센트에 돈을 빌려 와서 9퍼센트로 파는 거죠. 그 차이(4퍼센트) 만큼 은행은 돈을 버는 거고요. 이 대출 이자율과 예금 이자율의 차이를 '예대마진'이라고 해요. 오늘날 우리나라의 은행들이 벌어들이는 수익의 약 70퍼센트는 바로 이 예대마진이에요.

그러니까 우리가 은행에 예금하는 것은 은행에 돈을 꿔 주는 것과 같아요. 은행은 우리에게 빚을 지게 되는 거죠. 만일 철수가 은행에 1만 원을 예금하면 은행은 즉시 장부에 이렇게 적어요.

"빚 1만 원이 생기다."

지급 준비율이 뭐야?

은행에 예금한 사람들이 돈을 다 찾아가면 어떻게 될까요?

은행예금 중에는 정기예금, 정기적금이라는 것이 있어요. 일정한 기간이 될 때까지 돈을 찾아가지 않는 예금이죠. 만일 중간에 해약하거나 하면 처음 약속한 이자를 받지 못해요. 그래서 사람들은 가급적 만기가 될 때까지 참고 기다려요. 그동안 은행은 이 돈을 개인이나 기업에게 빌려 줄 수가 있는 거고요.

하지만 급한 사정이 생겨서 중간에 해약하는 사람이 있을 수 있겠지요. 또 약속한 시간이 되어서 적금을 찾아가는 사람도 있을 거고요. 그래서 은행은 이런저런 경우를 다 계산해서 일정한 비율만큼 돈을 남겨 두고 빌려 줘요. 그래야 언제든 돈을 찾으러 오는 사람에게 지급할 수 있을 테니까요. 이 남겨 두는 비율을 '지급 준비율'이라고 해요.

알쏭달쏭하다고요? 예를 하나 들어 볼게요. 철수가 100만 원을 은행에 예금했어요. 지급 순비율은 10퍼센트이고요. 그럼 은행은 100만 원의 10퍼센트인 10만 원을 남겨 두고 90만 원까지 빌려 줄 수 있어요. 이 남겨 둔 10만 원을 '지급 준비금'이라고 하지요.

그럼 지급 준비금 10만 원은 다시 은행 금고로 들어갈까요? 아니에요. 이 돈은 한국은행으로 옮겨져서 그곳 금고에 보관되어요. 혹시나 은행이 이 돈마저 빌려 줄 수도 있으니까요.

지급 준비율은 물가처럼 올랐다 내렸다를 반복해요. 그것을 결정하는 것은 한국은행이고요. 그래서 은행들은 한국은행의 눈치를 몹시 살펴요. 만일 한국은행이 지급 준비율을 올려 버리면 은행들은 실망할 거예요. 빌려 줄 수 있는 돈이 줄어드니까요.

현재 우리나라의 지급 준비율은 약 4퍼센트예요. 다시 말해, 우리들이 예금한 돈의 96퍼센트를 은행이 빌려 줄 수 있다는 뜻이죠.

언제든 예금 지급을 할 수 있게 은행은 지급 준비금이라 하여 일정 비율의 금액을 한국은행에 맡겨 놓는다.

은행 이자율은 어떻게 만들어질까?

같은 예금 상품이라도 은행마다 이자율은 조금씩 달라요. 3년 적금의 경우 4퍼센트를 주는 은행도 있고, 4.2퍼센트를 주는 은행도 있어요. 또 같은 은행인데도 3년 적금 상품보다 5년 적금 상품이 이자가 더 높아요. 왜 그럴까요?

돈을 빌려 주는 사람이 가장 신경 쓰는 것이 뭘까요? 이자? 아니에요. 혹시라도 상대방이 내 돈을 떼어먹으면 어쩌나 하는 위험이지요. 그래서 돈을 빌려 주는 사람은 그 위험에 대한 보상을 받고 싶어 해요. 이자는 바로 그 위험에 따른 보상인 거고요.

어떤 은행의 예금 이자율이 다른 은행들보다 낮다면 그만큼 안전하다는 뜻이에요. 또 1년 후에 갚는 사람보다 3년 후에 갚겠다는 사람이 이자를 더 많이 내야 해요. 앞일을 누가 예측하겠어요? 시간이 길어질수록 돈을 못 돌려받을 위험이 높아지잖아요. 또 그 시간만큼 빌려 준 사람은 그 돈을 사용할 수가 없고요. 그래서 1년 예금 상품보다 3년 예금 상품이, 3년 예금 상품보다 5년 예금 상품이 이자가 더 높아요. 이처럼 이자율은 곧 은행의 위험을 측정하는 서울이에요.

제3, 제4 금융권에서 대출을 받을 경우, 높은 대출 이자로 곤경에 처하는 경우가 많다. 그래서 정부는 이자 제한법을 마련하여 연 40퍼센트 이상의 이자를 받는 것을 금지하고 있다. 이 한도를 넘는 이자는 법으로 무효이다.

그런데 은행에는 크게 두 종류가 있어요. 우리가 흔히 볼 수 있는 시중 은행들을 제1금융권, 그보다 규모가 작은 은행들, 저축은행이나 새마을금고, 신협 등을 제2금융권이라고 하지요.

제3, 제4금융권도 있어요. 텔레비전에서 '돈 빌려 가세요', '대출 상담 받으세요' 어쩌고 하는 광고들을 본 적이 있을 거예요. 이름은 금융권이지만 은행처럼 예금을 할 수도 없고, 단지 돈만 빌려 주는 곳들이에요.

그런데 유심히 살펴보면 제2금융권 은행들의 예금 이자율이 시중 은행들보다 높은 것을 알 수 있어요. 그만큼 내 예금을 돌려받지 못할 위험이 크다는 뜻이지요. 만일 은행이 예금을 돌려주지 못하면 그 은행은 문을 닫아야 해요. 은행이 파산하는 것이지요.

은행은 왜 파산할까?

은행은 대출로 먹고 사는 곳이지만, 그렇다고 아무한테나 돈을 빌려 주진 않아요. 꼼꼼히 심사해서(대출 심사라고 해요.) 그 사람이 갚을 수 있는 한도에서 빌려 주려고 하지요. 대출 심사는 은행 입장에서 매우 중요해요. 만일 40만 원밖에 갚을 능력이 없는 사람에게 100만 원을 빌려 주면 어떻게 될까요? 은행은 60만 원을 손해 보게 되겠죠? 대출해 줬다가 입은 손실이라고 해서 이를 '부실 대출'이라고 해요.

부실 대출이 늘어나면 은행은 돈이 없어 쩔쩔매게 되어요. 예금자에게 돈을 돌려주지 못하는 사태가 일어나고, 결국 파산하는 일까지 벌어지니까요.

부실 대출이 아니어도 은행이 파산하는 경우가 있어요. 고객이 예금한 돈을 은행이 챙겨서 튀는 경우지요. 이런 일은 규모가 작은 새마을금고나 신협 등에서 심심치 않게 일어나요. 여기에는 이유가 있어요. 규모가 큰 대형 은행들은 주인이 여럿이에요. 외국인도 있고 정부도 있어서 혼자서는 엉뚱한 생각을 할 수가 없어요.

반면 규모가 작은 은행들은 가족과 친척들이 주인이에요. 속이 시커먼 사람들에게는 은행이 아니라 개인 금고나 다름없지요. 심지어 고객들이 예금한 돈을 은행 직원들이 자기 주머니에 집어넣는 횡령도 일어나요. 이런 일들이 자주 발생하기 때문에 작은 규모의 은행들은 시중 은행들보다 예금 이자가 높아요. 그만큼 위험하다는 뜻이지요.

보다 못한 정부는 예금자 보호법을 만들어 한 명당 5천만 원까지 보상을 해 주고 있어요. 단, 이자를 포함한 5천만 원이에요. 그 이상은 안 돼요. 예를 들어 통장에 7천만 원이 들어 있는 사람은 은행에 문제가 생겼을 때 2천만 원을 잃게 된다는 뜻이에요.

저축은행 사태

2011년, 전국 7개의 저축은행들이 영업 정지 명령을 받았다. 예금자가 맡긴 돈을 돌려줄 수 없다는 뜻이다. 이유는 크게 두 가지였다. 하나는 부실 대출이 너무 커졌기 때문이고, 다른 하나는 은행이 여기저기 무리하게 투자를 했다가 큰 손해를 봤기 때문이다. 이 사태로 손해를 입은 사람은 약 4천 명, 피해 금액만 무려 4천억 원이었다. 그런데도 정부는 안전하다며 예금자들을 안심시켜 놓고 자기들은 미리 은행에서 돈을 빼 나갔다. 결국 이 사태로 서민들만 고스란히 피해를 입어야 했다.

이자에 얽힌 은행의 역사

인류 최초의 은행은 약 3700년 전에 만들어졌어요. 오늘날 이라크 땅에 살던 바빌로니아 사람들은 은행을 만들어 재산을 맡기고 또 이자를 받기도 했어요. 이후, 그리스 사람들은 종교 장소인 사원에 보물과 돈을 보관했다가 필요한 사람들에게 빌려 주기도 했지요.

그러나 일찍 출발한 것치고 은행의 발전은 몹시 더뎠어요. 고대 사람들은 돈을 빌려 주고 이자를 받는 것을 꺼림칙하게 여겼기 때문이에요. 땀 흘려 일해서 번 돈이 아니라는 이유였죠.

"돈은 돈을 낳지 못한다!"

유명한 그리스의 철학자 아리스토텔레스가 한 말이에요. 게다가 중세로 넘어오면서 이자는 법으로 엄격하게 금지되었어요. 기독교의 힘이 강했던 중세 교회는 '이자를 받는 자는 지옥에 떨어지라'고 목소리를 높였어요. 흥미로운 점은, 그렇게 이자를 금지한 교회들이 자신들은 이자로 돈을 벌었다는 사실이에요. 교회는 협동조합을 만들어 7퍼센트에서 12퍼센트대의 이자를 받고 돈을 빌려 주었어요. 또 교회에서 운영한 기사단은 성에 은행을 만들어 왕들에게 돈을 빌려 주기도 했고요.

그런데 교회가 뭐라고 떠들든 상관하지 않고 돈을 빌려 주고 높은 이자를 받는 사람들이 있었어요. 바로 고리대금업자들이었죠. 그들은 이탈리아 항구 도시에 살던 유대인들이었어요. 사실 유대인들도 그들이 믿는 유대교 교리에 따르면 이자를 받을 수 없었어요. 하지만 같은 유대인이 아니면 이자를 주고받아도 된다고 생각했지요.

당시 유럽 사람들은 그런 유대인들의 직업을 천하게 여겼어요. 그러면서도 그들은 유대인의 고리대금 사무실 문을 노크해야 했어요. 특히 이탈리아 상인들은 지중해 너머의 이슬람권과 활발히 무역을 하고 있었기 때문에 늘 큰돈이 필요했어요.

하지만 전 유럽을 뒤져 봐도 돈을 빌릴 곳은 유대인 사무실뿐이었지요. 이때, 유대인들은 긴 나무 탁자 위에서 돈을 빌려 주었는데, 이 탁자를 방코 혹은 방카라고 불렀어요. 오늘날 은행*을 뱅크라고 하는 것은 여기에서 유래되었어요.

그런데 중세가 몰락하고 국가의 힘이 슬슬 강해지면서 이자를 보는 시선도 조금씩 달라졌어요. 새로운 국가는 늘 돈이 필요했고, 그 돈은 부유한 상인과 은행가들

은행

동양에서 사용하는 '은행'이라는 단어는 중국에서 유래했다. 옛날 중국에는 '행'이라는 상인 길드가 있었는데, 당시 중국의 화폐였던 '은'을 빌려 주는 일도 같이 했다. 여기에서 '은행'이라는 말이 나왔다.

> **종교개혁**
>
> 16세기 유럽에서 로마 가톨릭교회에 반대하여 일어난 개혁 운동으로, 1517년에 루터가 가톨릭교회의 면죄부 판매를 공격한 데서 비롯되었다. 개인의 신앙과 성서 해석을 중시하였고, 프로테스탄트 교회가 성립되었다.

로부터 빌려야 했으니까요.

은행의 힘이 점점 강해지자 은행가를 향해 '지옥에 떨어질 놈'이라고 손가락질하는 사람도 줄어들었어요. 여기에 16세기에 일어난 종교개혁*은 질주하는 은행에 날개를 달아 주었지요.

종교개혁으로 기독교는 둘로

갈라지게 되어요. 흔히 우리가 천주교라 부르는 로마 가톨릭과 신교라 부르는 개신교죠. 과거 가톨릭교회는 '이자는 죄악!'이라고 가르쳤지만, 개신교는 '그게 뭐 어때서?'라며 대수롭지 않다는 반응을 보였어요. 그래서 수많은 유대인들은 신교를 믿는 네덜란드와 미국으로 우르르 이사를 갔어요. 덕분에 네덜란드에서는 세계 최초의 주식회사와 증권 거래소가 만들어졌고, 미국 역시 유대인이 만든 은행을 바탕으로 세계적인 금융 강국으로 발돋움하게 되지요.

오늘날 유대인의 은행들은 세계를 주름잡고 있어요. 세계 최대의 투자 은행인 골드만삭스를 비롯하여 체이스 맨해튼, 제이피(JP) 모건, 뱅크오브 아메리카, 시티은행, 모건 스탠리, 로스차일드, 에이아이지(AIG) 등이 유대인의 소유예요. 60억 인류가 세계 인구의 0.3퍼센트인 유대인들의 은행에서 돈을 빌려 쓰고 있는 셈이지요.

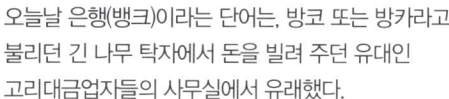

오늘날 은행(뱅크)이라는 단어는, 방코 또는 방카라고 불리던 긴 나무 탁자에서 돈을 빌려 주던 유대인 고리대금업자들의 사무실에서 유래했다.

일본의 돈으로 만들어진 한국의 은행

1878년, 일본의 제일은행(다이이치 은행)이 부산에 지점을 열었어요. 이것이 우리나라 최초의 은행이에요. 일본의 자본으로 은행이 들어온 거죠. 안타깝지만 스스로 자초한 일이었어요. 조선은 상업 발달이 늦었고 서양과 교류를 하지 않았던 10년간의 쇄국 정책으로 근대화가 뒤처져 있었어요. 은행이라고 해 봤자 전당포가 고작이었지요. 전당포는 시계나 만년필 등을 맡기면 돈을 빌려 주는 곳이에요.

19년 후인 1897년이 되어서야 우리 민족의 자본으로 은행을 만들었어요. 바로 한성은행이었지요. 2년 후인 1899년에는 대한천일은행이 세워졌어요. 한성은행과 천일은행은 지금의 신한은행과 우리은행으로 이름이 바뀌었답니다.

1909년에는 최초의 중앙은행인 한국은행이 설립되었어요. 이것도 무늬만 한국은행이지, 실제로는 은행 임원을 일본인으로 채운 일본 은행이었어요. 4년 전인 1905년에 을사조약으로 조선의 국권이 일본에 넘어간 상태였거든요. 일본이 한국은행을 만든 이유는 영국, 프랑스,

미국 등이 중앙은행을 만든 이유와 같아요. 전쟁 자금을 마련하기 위해서였죠. 그나마 2년 후인 1911년에는 조선은행으로 이름이 바뀌어야 했고요.

한국은행이란 이름을 되찾은 것은 광복 후 5년 뒤인 1950년의 일이었어요. 그리고 중앙은행답게 이제 돈 좀 찍어 볼까나 하는 찰나 한국전쟁*이 일어났지요. 별 수 없이 우리 정부는 돈 발행을 이웃나라인 일본에 부탁해야 했어요. 그 후에도 오랫동안 한국의 은행들은 일본 은행을 복사한 것처럼 아주 비슷했어요. 일제강점기의 영향 때문이었죠.

> **한국전쟁**
> 1950년 6월 25일 새벽에 북한군이 북위 38도선 이남으로 기습적으로 침공하면서 일어났다. 1953년 7월에 휴전이 이루어지면서 그 상태로 오늘날까지 지속되고 있다. 육이오, 육이오 사변, 육이오 동란이라고도 한다.

그러다가 1970년대 이후, 경제가 성장하면서 한국의 은행들도 조금씩 성장하였고, 2010년에 발표된 세계 1000대 은행들 가운데 한국의 은행이 9개나 포함될 정도가 되었어요. 참고로 일본은 203개, 중국은 101개예요.

환율이 뭐지?

"환율이 또 떨어졌네. 수출에 차질이 생기겠는데."
"환율이 떨어졌다고? 그럼 수입 물품을 더 늘려."

환율이 떨어졌다는 소식에 수출업자는 울상이고, 수입업자는 반가워하고 있어요. 환율이 무엇이기에 이런 일이 일어나는 걸까요?

앞에서 우리는 남의 돈을 사용하는 가격이 이자라는 것을 알았어요. 그렇다면 환율은 뭘까요? 환율은 외국 돈의 가격이에요. 예를 들어, 미국 달러 환율이 1000원이라면 1달러 가격이 우리나라 돈으로 1000원이라는 뜻이지요.

대부분의 경제 교과서는 환율을 국내 돈과 외국 돈과의 '교환 비율'이라고 설명하고 있어요. 맞는 말이에요. 환율이란 말이 교환 비율의 줄임말이거든요. 그런데 '비율'이라는 말을 듣는 순간, 분수나 소수점이 떠오르면서 머리가 아프지 않나요? 그래서 그런지 수학을 싫어하는 사람들일수록 환율을 재미없고 어렵다고 하소연해요.

그럼 이렇게 하면 어떨까요? 비율이라는 말을 가격이라고 바꾸면요. 교환 가격! 교환 비율이라는 말보다 훨씬 쉽게 다가오죠? 외국 돈을 곰보빵 같은 상품으로 생각해 보세요. 환율이 오른다는 것은 빵 값이 비싸졌다는 말과 같은 뜻이에요. 이 빵을 파는 곳이 환전소와 은행이고, 이 빵을 사고파는 직업을 우리는 외환 딜러라고 불러요.

그런데 우리는 왜 환율을 알아야 할까요? 왜 교과서와 경제와 관련된 책들에는 하나같이 환율을 소개하고 있을까요? 만약 한국이 남태평양에 고립된 섬나라라면 굳이 환율을 알 필요가 없어요. 하지만 현실은 반대예요. 한국은 매년 천만 명의 외국인이 찾아오며 경제의 90퍼센트가 무역에 의존하는 나라예요. 이 과정에서 주고받는 대부분의 돈이 미국 달러를 비롯한 외국 화폐고요. 이것이 우리가 환율을 알아야 하는 까닭이에요.

환율의 변화와 국가 경제

동네 슈퍼에서 파는 코카콜라는 미국에서 만든 음료수예요. 하지만 콜라 병에는 미국 달러가 아닌 한국 돈으로 표시된 가격이 적혀 있어요. 당연하죠. 미국에서 만든 물건이지만 한국에서 파는 거니까요. 지갑에 미국 달러를 넣고 다니는 한국인이 얼마나 되겠어요? 같은 이유로, 미국 뉴욕의 할인 매장에서 파는 삼성전자 핸드폰의 가격표는 달러로 적혀 있어요.

만일 미국 슈퍼에서 파는 코카콜라 가격이 1달러이고, 달러 환율이 1000원이라면, 한국 슈퍼에서는 얼마에 팔릴까요? 답은 1000원이에요. 1달러가 1000원이니까요. 그런데 한국 정부가 달러 환율을 1200원으로 올렸다면 미국 슈퍼와 한국 슈퍼에서 파는 코카콜라 값은 각각 어떻게 될까요? 정답은 1달러와 1200원이에요. 미국의 코카콜라 가격은 변하지 않아요. 단지 한국의 콜라 값만 비싸질 뿐이지요. 미국인들은 무슨 일 있어? 라며 시큰둥하겠지만 한국인의 반응은 달라요.

"뭐야, 분명히 어제까지 1000원이었는데……."

투덜대면서도 코카콜라를 사먹는 사람은 있겠죠. 하지만 꽤 많은 한국인은 값이 오르지 않은 국산 음료수를 고를 거예요. 중요한 것은, 코카콜라 말고도 미국에서 들어온 모든 제품의 가격도 덩달아 오른다는 점이에요. 미국 자동차, 미국 스마트폰, 미국 과자 등등. 품질이 좋아진 것도 아니고 가격만 비싸졌으니 아무래도 미국산 제품은 잘 판매가 안 될 거예요. 결국 미국의 한국 내 수출량이 줄어들게 되지요.

같은 시간, 뉴욕 할인 매장의 삼성전자 직원은 만세를 불러요. 달러 환율이 오르면 수출한 스마트폰의 가격이 낮아져요. 그러면 백화점 바겐세일에 손님들이 몰리듯 한국 스마트폰을 구매하려는 미국인들이 늘어나요. 비슷한 일은 미국에 들어온 다른 한국 제품의 매장에서도 일어나고요. 이렇듯 환율이 오르면 수출은 늘어나고 수입은 줄어들고 반대로 환율이 내려가면 수출은 줄고 수입은 늘어나요.

"환율은 오르는 게 좋구나!"

특히 수출로 먹고 사는 한국은 환율 하락보다는 상승을 더 반가워해요. 정부가 환율을 1000원에서 200원 더 올린 이유예요. 여러분들이 기억해야 할 사실은, 단점이 없는 완벽한 경제정책은 없다는 거예요. 환율이 오르면 수입이 줄어드는 것은, 수입품의 가격이 갑자기 높아져 국민들이 선뜻 지갑을 열지 않기 때문이에요. 하지만 아무리 비싸도 사 먹어야 하는 쌀처럼 눈물을 머금고 사야 하는 수입품도 있어요. 석유와 석탄, 철강, 펄프 같은 한국에서는 절대

부족한 천연자원들이죠. 우리가 사용하는 대부분의 물건은 이들 원자재로 만들어요. 그러니 환율이 오르면 원자재 가격이 올라가고, 그 원자재로 만들어지는 물건 값이 올라가요.

"엄살 아냐? 겨우 200원 올렸다고 물가가 얼마나 오르겠어?"

이렇게 생각하는 사람도 있을 거예요.

원자재인 석유를 가지고 이야기해 볼게요. 석유는 분명히 코카콜라와 달라요. 환율이 200원 오르면 우리나라는 1년간 석유 수입에 무려 90조를 더 내야 해요. 그렇게 되면 석유를 사용하는 버스와 택시 요금도 올라가고, 석유와 석탄 같은 화석연료를 태워 전기를 만드는 화력발전소도 비용이 상승해 전기 요금도 올라가죠. 가스 요금도 그렇고요. 바로 물가상승이에요.

수출을 하는 기업들은 환율이 올라가는 것을 좋아해요. 그러나 환율 상승폭이 너무 높고 오래 계속되면 물가상승으로 이어지기 때문에 서민들은 싫어해요. 못 살겠다, 정부는 기

2008년에 석유 값이 폭등하면서 공공요금은 물론 밀가루, 설탕 같은 생필품 가격이 치솟아 가정경제가 휘청거렸다.

업만 예뻐해라며 서민들은 다시 환율을 내리라고 목소리를 높이지요. 그렇다고 환율을 낮추자니 기업들이 수출이 안 된다, 못 살겠다고 불만을 터뜨릴 거고요.

그런데 환율 때문에 티격태격하는 것은 서민과 기업들뿐만이 아니에요. 환율은 국가 간에도 얼굴을 붉히게 만들어요. 이것을 환율 전쟁이라고 불러요.

환율 전쟁

두 나라가 무역을 해서 한 쪽이 큰 이익을 보면 상대방은 손해를 보기 마련이에요. 예를 들어, 한국 정부가 엔화 환율을 올리면 일본에 수출되는 국내 제품은 잘 팔리고 국내에 수입되는 일본 제품은 비싸서 잘 팔리지 않을 거예요. 이 상태가 계속되면 일본 정부는 발끈하겠지요. 수출을 늘리고 수입은 줄이고 싶은 욕심이야 다른 나라도 마찬가지거든요.

> **관리 변동 환율 제도**
>
> 환율을 일정 비율에 고정하지 않고 외환 시장의 수요와 공급에 맡겨 자유롭게 움직이도록 내버려두는 것을 변동 환율이라고 하고, 변동 환율이지만 필요할 때마다 국가가 뛰어들어 환율을 결정하는 것을 관리 변동 환율 제도라고 한다.

"한국, 너네 또 환율 건드렸지?"
"어머, 무슨 말씀이세요?"

흥미로운 것은, 한국을 포함한 대부분의 국가들이 직접 환율에 개입하는, 관리 변동 환율 제도*를 사용하면서도 겉으로는 시치미를 뗀다는 거예요.

일본이 이렇게 민감한 것에는 다 이유가 있어요. 1980년대까지 일본은 폭발적인 수출 덕분에 세계 2위의 경제 대국으로 올라섰어요. 언짢아진 미국은 일본의 엔화가 너무 싸다고 환율을 대폭 낮출 것을 요구했지요. 말이 요구지 협박이나 다름없었어요. 이미 제2차 세계대전 때 미국의 핵폭탄을 두 번이나 얻어맞은 데다 지금도 영토 내에 미군 기지가 있는 일본에게 미국은 무시무시한 존재예요. 결국 일본은 울며 겨자 먹기 식으로 환율을 크게 내렸어요. 그 결과 일본 제품의 가격이 크게 올라 잘 팔리지 않았지요. 이후 일본 경제는 30년 넘게 추락하고 말았어요.

그 일본의 자리를 꿰차고 앉은 것이 오늘날 승승장구하고 있는 중국이에요. 그러자 미국은 유럽과 손잡고 '중국, 너네도 환율 낮춰.'라고 요구했어요. 값싼 중국 제품 때문에 미국이나 유럽은 무역에서 막대한 손해를 보고 있었거든요. 중국은 콧방귀를 끼고 있어요. 중국은 이 기회에 자신들의 위안화가 미국 달러를 누르고 세계 제1의 화폐가 될 수 있다고 확신하고 있어요. 이러니 미국의 말을 들을 리가 없죠.

중국이 기세등등하게 나가자 눈치를 보던 일본도 움직였어요. 2012년, 일본 정부는 새로운 정책을 발표했어요. 엔화의 환율을 다시 높여 수출은 늘리고 수입을 줄여서 경제를 살리겠다는 내용이었어요. 세계 3위의 경제 대국 일본이 30년만에 강하게 나오자 한국을 비롯한 중국, 미국, 유럽은 바짝 긴장하고 있어요. 지금 세계는 국경도 없고 같은 편도 없는 환율 전쟁 중이에요.

Chapter 6

미래의 화폐

전자 화폐, 지역 화폐는
지폐와 동전을
대신하는 제3의 화폐이다.

점점 보이지 않는 돈

불과 30년 전까지만 해도 우리 아빠들은 회사에서 노란색 봉투에 담은 월급을 받아 왔어요. 그날은 엄마가 아빠를 대하는 태도도 살갑고 아빠 어깨도 왠지 으쓱해 보였지요. 온 가족이 외식을 하는 날이기도 했고요.

요즘은 은행 컴퓨터를 통해 월급이 통장으로 들어와요. 소득세, 의

료 보험료, 국민 연금 같은 세금을 미리 계산하고 남은 금액이지요. 통장으로 들어온 이 금액은 일정한 날짜가 되면 자동차 할부금, 전기세, 인터넷 요금 등의 명목으로 다시 통장에서 빠져나가요.

예전의 엄마들은 시장에서 돈을 주고 장을 보셨어요. 요즘은 주로 마트에서 물건을 사는데 굳이 돈을 꺼내지 않아도 돼요. 아니 꺼낼 필요가 없어요. 마트 직원에게 은행 카드를 주고 사인만 하면 물건 값은 카드에서 빠져나와 마트 계좌로 옮겨지거든요.

돈의 양을 '통화량'이라고 불러요. 오늘날 세계의 전체 통화량 중에서 지갑과 호주머니에 든 돈의 양은 극히 일부예요.

은행 예금, 주식, 채권 같은 금융 자산의 금액은 약 20조 달러가 넘지만 실제로 발행된 돈은 0.0005퍼센트에 불과한 1억 달러예요.

미국은 해마다 엄청난 돈을 찍어 내지만 실제로 존재하는 돈은 5퍼센트 밖에 되지 않아요. 한국도 다르지 않아요. 우리나라의 통화량은 약 1000조지만, 실제 현금은 4퍼센트에 불과한 40조예요. 대체 나머지 돈은 어디 있을까요? 컴퓨터 속의 숫자로 조용히 숨을 쉬고 있어요. 정보 통신의 발달로 굳이 모든 돈을 조폐국에서 만들지 않아도 되니까요.

그런데 볼 수 있고 만질 수 있는 얼마 되지 않는 이 돈마저 점점 보기 힘들어질 거예요. 지폐와 동전을 위협하고 있는 전자 화폐가 등장했기 때문이지요.

주목 받는 전자 화폐

최근 보이지도 않고 만질 수도 없지만 돈처럼 사용되는 화폐가 부쩍 늘고 있어요. 바로 전자 화폐지요.

전자 화폐는 전자 칩으로 화폐의 역할을 대신하고 충전해서 쓸 수 있는 것을 말해요. 교통 카드와 공중전화 카드도 그런 면에서 전자 화폐라고 볼 수 있어요. 다만 교통 카드로는 김밥 한 줄 살 수 없어요. 최소한 물건을 살 수 있고 세금도 낼 수 있어야 제대로 된 화폐라 부를 수 있어요.

그러나 이미 전자 화폐는 물건을 살 때 사용되고 있어요. 금액이 큰 거래가 아닌 작은 돈, 즉 소액 결제가 대부분이지만 말이에요. 대표적인 나라가 일본이에요. 일본은 슈퍼에서 두부 반모를 팔 정도로 소액 거래가 많은 나라예요. 또 자판기의 천국이라 불릴 만큼 곳곳에 다양한 자판기가 설치되어 있고요. 달걀 자판기, 건전지 자판기, 이해할 수 없지만 곤충을 파는 자판기도 있어요. 그래서 일본은 전자 화폐가 무척 발달한 나라예요. 최근 우리나라도 서울의 일부 택시들은 전자 화폐로 요금을 받고 있고, 전자 화폐로 세금을 내는 사람들도 생겨나고 있어요.